U0808148

华章科技
HZBOOKS | Science & Technology

O2O实战

二维码全渠道营销

张波 郑楠楠◎著

机械工业出版社
China Machine Press

图书在版编目（CIP）数据

O2O 实战：二维码全渠道营销 / 张波，郑楠楠著 .—北京：机械工业出版社，2013.9（2015.1 重印）

ISBN 978-7-111-44131-1

Ⅰ. O…　Ⅱ. ①张…　②郑…　Ⅲ. 二维 – 条形码 – 应用 – 市场营销　Ⅳ. F713.50

中国版本图书馆 CIP 数据核字（2013）第 224552 号

机械工业出版社（北京市西城区百万庄大街 22 号　邮政编码 100037）
责任编辑：杨福川
中国电影出版社印刷厂印刷
2015 年 1 月第 1 版第 5 次印刷
170mm × 242 mm • 10.75 印张
标准书号：ISBN 978-7-111-44131-1
定　　价：49.00 元

凡购本书，如有缺页、倒页、脱页，由本社发行部调换
客服热线：（010）88378991　88361066　　投稿热线：（010）88379604

推　荐　序

20 世纪 80 年代，托夫勒的《第三次浪潮》席卷而来，让所有的冲浪者都心旌摇曳、摩拳擦掌。30 年时光过去，此刻回想来时路，有两点令人印象深刻：一是互联网技术日新月异，中国已经形成了世界上最大的网民群，互联网所产生的冲击波正摇撼着人们的传统观念和行为方式，并在更深的层次上重塑着社会结构，而移动互联网技术的发展也开始冲击传统的互联网商业模式；二是根深蒂固的传统生活习惯是如此顽强，透射着生生不息的信号，通过与新技术的结合、交叉、化解、扭曲以及变异，才逐渐形成了各种不同的新概念、新事物和新模式。因此，创新从来没有像今天这样复杂、艰难，当然也没有今天迷人和精彩。

七年前，几位弄潮者怀揣梦想，投身企业，力图为移动互联网时代下的二维码运用之路开设新局。公司草创，事业待兴，其褴褛筚路、艰辛备尝的情景是可想而知的。坚持至今，虽已成为国内著名的二维码营销服务业者，“行业内的隐形冠军”，但仍兢兢业业，孜孜以求，实为难得。

本书作者张波，年轻新锐，勇于任事。集结多年探索之心得，以通俗易懂的表达方式，行普及二维码运用之实务。其文字虽不及文学作品之华丽，其内容却有益读者之实操运作。张波于百事繁复之倥偬，行废寝忘食之创作，良苦用心，实堪嘉叹。

鲁迅先生有言：“其实地上本没有路，走的人多了，也便成了路。”吾愿以此与勇进者共勉。

是为序。

福建新大陆科技集团　董事长

前　言

为什么要写这本书

这是写给店长的O2O实战参考书，让他们知道在自己门店里如何实现全渠道的二维码互动营销。店长可以指连锁零售企业委派管理一个单独门店的管理者，也可以指自主经营门店的业主。很多优秀的店长把门店当作自己生活的一部分。

移动互联网时代来了，线下线上渠道开始碎片化，线上渠道的流量价格越来越高，而且对线下单体门店精准性不强，线上线下互动的商业模式已经在很多线下单体门店开展了，店长们通过微信知道了二维码，但二维码就只有微信有吗？如何玩转它才能给门店带来客流和营销成果呢？

全国有多少家线下门店？有数据说4000万家，也有数据说2000万家。2013年年初，我们决定为店长做一款利用二维码实现线上线下全渠道营销的产品，通过简单操作，店长就可以用二维码实现门店的线下线上营销引流和营销核销，直接通过营销互动为门店带来效益。

为此，以（翼码）公司总经理万总带队的业务调研团队，在1个月内先后跑了1000多家门店，覆盖了不同类型的生活消费服务领域，有中餐店、蛋糕店、咖啡馆、茶馆、奶茶店、鲜花店、婚纱摄影店、洗衣店、KTV、洗车店等，期间，我们深刻感受到同样是二维码营销，大的连锁门店和小的实体门店在应用场景上的差异巨大，所以说，用户的需求沟通和我们内心的感悟永远是产品的源动力。

2013年3月，著名出版人路金波老师在看了我在机械工业出版社出版的《O2O：移动互联网时代的商业革命》后，特意约我聊天。他说，小企业其实有很强的“用二维码拥抱移动互联网”的需求，包括他的出版公司；而我那本《O2O》的书，不是写给他这样的小企业主（感觉是路老师谦虚了）看的，他这一个月来仔细研究这本书，虽然看完后觉得里面的内容很丰富，案例也多，也讲了未来的趋势，但不知道如何实际操作。

我告诉他，我们正在为店长开发一款利用二维码全渠道互动营销的O2O产品。店长可以通过该产品自行定义营销活动，然后把活动快速发布到微信、微博等线上渠道，也可以将活动通过生成二维码发布到自己的海报、产品包装、餐桌、卡片等线下渠道。店长通过这些渠道为自己的营销活动引流，可以打破目前电商线上流量已经出现天价而精准性不高的局面，同时利用翼码强大的二维码凭证体系完成对这些营销活动的核销，真正通过自己的营销去构建属于自己门店的CRM（客户关系管理），而不听拥有庞大用户群的线上企业说："我给你带来了用户资源，为你开发了电子会员卡，在我的电子会员卡中做你的营销吧。"

于是，他建议我为这些店长写一本二维码全渠道营销的O2O实战书，将二维码的相关知识、使用方法巧妙地融入一个小店日常经营中。他建议书的风格就像《鱼》、《谁动了我的奶酪》一样，用纪实体的方式，策划一个小店，让店长在业务中碰到二维码，继而开始用二维码展开全渠道营销，从迷茫到碰到玩码高手，最后熟练玩转二维码的故事。

这就是此书的由来，很多时候，就是这样，做一件自己觉得人生中有意义的事，就来自于偶然的聊天和朋友随口的一句建议，只是有的人去做了并一直坚持着，有的人聊的时候很兴奋，但回来后没有坚持去做，仅仅就是这个差别！

郑楠楠是翼码的二级部门经理，一个喜欢喝奶茶的MM，她在调研店长的二维码营销产品需求中，跑了不少的奶茶铺，而且家里也有亲戚是开奶茶铺的。当我和她谈起这本书的构思时，她就定位在奶茶铺上，在和我积极沟通后，主动请缨写这段故事。在这段故事中，她把自己、开奶茶铺的亲戚以及她碰到过许许多多奶茶铺的店长们融合成一个角色：上官七七。七七奶茶铺寄托了她用二维码融入奶茶铺日常经营的梦想，这就是楠楠，一个坚持梦想并努力的80后MM。

2013 年 5 月中旬，全国 31 个城市的 100 个店长免费试用了我们的二维码全渠道营销产品——旺财，基于他们对产品的试用和改进意见，2013 年 7 月 10 日，旺财正式上线了。

当前，互联网冲击着传统门店，而这些门店的店长可以使用旺财实现二维码营销，并将营销活动一键发布到包括微信、微博、平面媒体、自己的海报、橱窗、产品包装盒等碎片化渠道上去，同时通过二维码电子凭证完成营销核销，实现对营销活动、碎片化渠道引流、商户 CRM 等的数据化分析和管理。

2013 年，翼码第 7 个年头，一群人，一件事，没有人知道未来会怎样，只知道我们在路上，坚持走着。

读者对象

希望在自己小店日常经营中进行二维码营销的店长们，比如中餐店、蛋糕店、咖啡馆、茶馆、奶茶铺、鲜花店、摄影店、洗衣店、KTV、洗车店等。

本书结构

本书分为四部分，共 11 章。第一部分（第 1 ~ 2 章）介绍上官七七从一个刚毕业的大学生成为奶茶铺老板的过程。第二部分（第 3 ~ 7 章）讲的是奶茶铺老板七七在遇到奶茶铺业务困境时，通过自己不断的努力，在玩码高手 Jonson 的帮助下，对奶茶铺开展二维码全渠道营销的“逆袭”故事。第三部分（第 8 ~ 9 章）是七七对二维码营销的笔记。第四部分（第 10 ~ 11 章）为二维码全渠道营销案例。

勘误和支持

除封面署名外，参加本书编写工作的还有：付智超、杨萌、邱懿、刘娜、陈宝平、欧周良、陈辉海、韦德钊、俞玲妃、唐晓江、董全来、何蜀懿、戴晓华、张涛、李东明、李岦、肖军成。他们都是翼码的业务人员，此书中很多二维码营销案例都由他们实施或收集。刘娟和蔡晓英是翼码的美工，本书中的漫画配图即为她们所绘。

由于作者水平有限，编写时间仓促，书中难免会出现一些错误或者不准确的地方，恳请读者批评指正。如果读者在阅读此书时有任何意见和建议，请随时通过微博和我沟通，我的新浪微博是 @ 翼码张波，期待你们真挚的反馈。

致谢

本书的出版首先要感谢著名出版人路金波老师，他从专业角度告诉我如何写一本适合“躺着看”的书，鼓励我为店长写一本二维码全渠道营销的 O2O 实战方面的书，并积极为此书的故事策划提出专业且细致的建议。

感谢机械工业出版社华章公司的杨福川先生，本书是和他的第二次合作，他一直鼓励我应该写一本二维码营销实战的书。还要感谢华章公司白宇女士的辛勤审稿工作。

感谢翼码公司的各位同仁，他们在设计旺财、进行旺财试商用过程中，积极提供了很多商户案例。特别感谢翼码公司的总经理万青女士的信任和鼓励，让我负责翼码公司市场工作，她的支持让我们完成了此书。

最后，感谢我亲爱的父母、岳父岳母、妻子和儿子，他们是我永远的后盾与最坚定的支持者。

当然，还要感谢的就是正在阅读本书的店长们，无论此书是否真的为您的小店带来新的营销思考，只要有您的阅读，我相信二维码营销一定会在中国几千万个门店中越来越成熟。

张波

书中人物介绍

上官七七	有理想、有追求、无背景，草根阶层的80后奶茶铺老板娘。
香飘飘	七七的第一个店员，后成为七七奶茶铺万达店店长，七七的闺蜜之一。
凉爽爽	七七奶茶铺地铁店店长，七七的闺蜜之二。
Jonson	e码公司高管、市场部总监、玩码高手。
Mark	某麦当劳万达店的店长。
莉莉	图文制作社的小负责人，勤劳、做事靠谱，是七七的生意伙伴。
小白	地铁店附近办公楼里的行政主管，七七的客户。
沈阿姨	地铁店附近的品牌服务店老板娘，为人豪爽精明。

目　　录

第三部分 七七的营销笔记

第四部分　二维码营销案例

第一部分

变　　化

第 1 章　我和我的奶茶铺

本书讲的是我和我的奶茶铺的故事，所以先来个自我介绍吧。

中文名	上官七七
英文名	Miss.kapu
昵称	七七
出生地	黑龙江佳木斯
血型	A 型
职业	个体经营者，拥有 3 个奶茶铺的老板娘
星座	天蝎
星座解析	平平常常的日子里，性情内向、保守而安静，沉着、温和而从容，不热衷于交际，终日躲在自我的小天地中，不愿外人闯入内心世界，是一个极富神秘色彩的人。 然而，隐藏在内心的热情往往不逊于任何人，多愁善感，很容易触景生情，逞强好胜又不乏勇气与坚韧，与外表是截然不同的两种风貌。
喜欢的乐器	钢琴
座右铭	机会只留给有准备的人。
奶茶铺微信公众账号	七七奶茶铺（微信号：qiqinaicha）
七七的微博	qiqi_ 奶茶

第 1 节　星期六的下午

星期六的下午是我的个人时间。这要感谢我的父母帮我料理了一切生活上的琐事。我把这段时间留给自己振作精神、梳理思路、自我反省。在这段时间里我会有选择地阅读一些励志读物或者好的小说，有时是在图书馆，有时是在星巴克。我绝对相信几句励志或鼓舞人心的话能给人带来精神力量。每每受挫时，几句熟记于心的励志名言马上会跃然脑海，比如：

黑发不知勤学早，白首方悔读书迟；
镜子不擦不明，脑子不用不灵；
蚂蚁爬树不怕高，有心学习不怕难；
一寸光阴一寸金，寸金难买寸光阴；
明日复明日，明日何其多？我生待明日，万事成蹉跎。

这要感谢我的父亲，已经不记得从什么时候开始，我的写字台玻璃板下，就压着这些不知道父亲从哪里抄来的励志名言，它们伴随着我的成长。

如今我已长大成家，阅读励志读物也成了一种习惯。

我点了一杯咖啡，找到一个较为隐秘、安静的位置，翻开了斯蒂芬·伦丁的《鱼》。相信这本书很多人都看过，甚至不止看过一遍。书中作者引用了《简单而富足》一书中的这段话，让我反反复复读了不知多少遍，已经熟读成诵了。

如果我们把自己想象成艺术家，我们中的大部分人会感到不自在……但事实上，我们每一个人都是艺术家……每天你每作一次选择，就是在创造一件艺术品。有些事情只有你才会做……你生存的前提是你已在这个世界上留下了属于自己的不可磨灭的标志。这就是你的真我……尊重你创造的强烈愿望……增强你的信心……你将会发现，你的选择就和你自己一样真实可信。更进一步讲，你将会发现你的人生其实早已注定。那就是一首快乐、感恩的诗。

我原本计划想想目前工作上的事，但这些有关选择和信心的话语让我的思绪又跳到了关于创业的思考。

晚饭前回家，我告诉爸爸，我决定还是创业。“我也会成为一名艺术家。”……

第 2 节 创业的由来

五年前，我大学毕业，怀揣着对国际大都市上海的向往，倔强地拒绝了父母在老家为我准备好的国企老工厂的铁饭碗。手里握着一张前往上海的火车票，背着行囊，开启了另一段人生旅程。

在这里我要说一下，对于人生，我简单地将它分为三大阶段：

- 求学阶段：以学知识、学文化，达到家长、老师的要求为目标，以拿到本科学历、学士学位作为结束该阶段的主要标志。
- 就 / 创业阶段：积累生活经验、社会经验、学习掌握生存本领，以能够养活自己，有能力让父母安度晚年、让孩子受到良好教育，并可以为悠闲人生积累物质财富为目标。
- 悠闲人生：以琴棋书画、花鸟鱼虫为主要生活内容，追求“不以物喜，不以己悲”、“采菊东篱下，悠然见南山”般的闲适心境。

第 2 阶段又可以再细分为三个阶段：就业——择业——创业。

在介绍我的就业之前，有一个人我要隆重介绍一下，那就是我英俊潇洒、风流倜傥的哥哥。我哥是我从小的偶像，在上学期间，我一直都觉得，我周围所有男生在他面前都黯然失色。

我哥大我一届，早我一年毕业，毕业后，选择了秀丽、典雅、温婉、娇美的苏州定居，开启了他新的人生旅途，并且找了一位同样秀丽、典雅、温婉、娇美的江南女子作为伴侣。我之所以义无反顾地奔向上海滩，很大一部分原因是我哥就在上海滩边。

放下行囊，立即加入了就业大军。非上海企业不“嫁”，本着这个原则，哥哥及他的一干同学陪我往返于上海和苏州数次。我要求不高，只要是上海企业，交通便利，能解决睡觉、吃饭这两大基本需求即可。很快，我如愿地在一家上海企业就业了。

就业

作为一名业务员，我的工作就是卖硬件设备——非接触式 IC 卡及 IC 卡受理终端。大半年过去了，我的足迹遍布了上海滩的淞江、青浦、川沙和嘉定。曾经有一次，我路过上海外滩，面向黄浦江，驻足远望，竟然有一种上海滩被我踩在脚下的骄傲。我拿起手机，给远在黑龙江的大学同学打电话，他们多数还在为就业烦恼，对就业的恐惧让他们多数选择了考研之路。我跟他们述说着大上海的精彩，在大上海工作的精彩。说得他们很向往，说得自己很得意。

有过销售经历的都知道，业务员就是销售人员，还是很初级的那种。对于我这样一个刚走出大学校门，无专业知识、无社会背景、无销售技巧的“三无人员”，除了勤奋及一股不服输的劲头，其实一无所有。不到一年的时间我学会了很多很多，比如如何运用 Word、Excel 和 PPT；如何给客户打电话，约客户吃饭；请客户吃饭时，客户应该坐在哪，我的老板应该坐在哪，以及我应该坐在哪；如何敬酒，先敬哪个，再敬哪个……

这份工作让我明白大学里学的是梦想，社会上学的是现实，梦想很丰满，现实很骨感。一次经历让我开始思考这份工作是否适合我。

上海的 9 月，骄阳似火，我从一家客户的工厂大门走出来，准备去拜访下一家客户。工厂一般都建在郊区，这两家企业门牌号很接近，但实际距离却很远。不像在市区，郊区没有公交车，能打到“小黑”就已经万幸了。我一手拎着六七斤重的演示设备，一手提着公司产品的介绍资料，穿着衬衫，蹬着高跟凉鞋，一步一步向前走着。突然觉得这条公路好长，身边还不断有大卡车、水泥搅拌车驶过，热风夹着灰尘扑面而来。一阵眩晕、一阵恶心，马上意识到自己中暑了……等我缓过来的时候，已经坐在了警察叔叔的车里。

青春无敌，几天过去，已经完全恢复，又生龙活虎了。但接下来的一次投标项目，彻底打破了我对这份工作的美好憧憬。这是一个400多万的系统集成项目，我已经跟进了半年多，近期就要招标了，像字典一样厚的投标资料被一本一本地搬到了客户的办公桌前。那个项目的负责人是一个看起来平易近人的台湾人，在一轮一轮的答疑中，他脸上总带着满意的微笑，让我觉得这个项目非我莫属。但开标的那一刻我惊呆了，中标的不是我们公司！那个台湾人一成不变的微笑不是只对我一个人，再到后来我才知道，我是个彻头彻尾的配角，他跟我的老板早就达成一致，我们公司只是来陪标的。怪不得我的老板一直不重视这个项目，连开标他们都没过来。那个台湾人在我们老板面前表扬了我，但我却越发觉得，我面对的是一群老狐狸。

上海的骄阳没能让我枯萎，但商场的尔虞我诈让我退却了，只能说，在那个年纪，我还无法适应这份工作。

择业

我决定择业，选择适合我的工作。通过对自己一年来的工作进行反思和总结，对自己的优势和劣势进行分析，我来到了一家软件企业做市场专员。对于第二份工作，我更为理性，知道自己缺少什么，应该追求什么。我喜欢跟市场打交道，喜欢跟客户打交道，喜欢听客户的需求，听市场的声音，喜欢用数字说明问题，用数字评价一个人、一个项目、一块业务、一片市场，真正学会了思考。三年过去了，我从市场专员做到了市场部主管，市场部经理的头衔也不再遥远，我有了先生，有了宝宝，有了一点积蓄。

在上海生活的压力不用多说，尤其是对于我们这样一个新上海人家庭。为了创建美好家庭，为了让父母安度晚年，让孩子受到良好教育，在宝宝满月后，我开始思考创业。

对卖东西情有独钟

我一直认为，我从高中开始就在准备着自己做老板。记得在高二的一堂化学课上，实在听不懂讲台上老师嘴里的氢氦锂铍硼、碳氮氧氟氖，我的思绪早就飘到校门口那个“小山东”开的杂货店。杂货店的老板是个山东人，操着一口浓厚的山东口音，听起来很朴实。那个小小的杂货店里有很多我喜欢的东西，比如漂亮的发卡、很卡通的小笔记本、便签纸、彩色的橡皮等。店里的生意很好，很多小玩意的价格正好处于高中生所能承受的范围。每天中午和晚上下课的时段，都有很多学生聚集在那里。我是“小山东”的熟客，每次下课，我会一溜烟地跑到他的杂货店，帮他迎接中午或者晚上的人流高峰。我对他店里商品的价格了如指掌，更重要的是，我非常喜欢一手交钱一手交货的感觉，简直太爽了。

就在那堂课上，看着讲台上老师的嘴巴一张一合，盼望着快点下课，突然一个念头闪现在脑海里。与其每天帮别人卖东西，不如自己卖。想做就做是我一贯的做事风格，下课铃声一响，我几乎是第一个跑出教室的。早就从“小山东”那里打听到了小商品批发市场的位置。我骑着自行车直奔小商品批发市场而去，因为中午休息时间短，我大致选了几款商品并记下了价格，回到课堂开始考虑我的经济承受能力（即能用多少钱上货）和市场需求（即同学们最喜欢什么）。经过一轮对比，最后我选择了物美价廉、便于携带、利润率高、可长期保存的小胸针。

哈哈，我的第一次做生意试水开始了。结果可想而知，有趣，但并不完美，总投入 45 元，每个胸针成本 1.5 元，共买入 30 个。基本以 2 元或 2.5 元的价格卖出，卖出 18 个。因为时间和精力的关系，这第一次做生意只持续了不到 10 天。直到现在我还保存着当年未卖出去的小胸针，虽然有的已经生锈了，但偶尔拿出来看看，回忆起当时站在校门口向同学兜售的情景，感觉很有趣。

第 3 节 酝酿开店

当年只是觉得卖东西好玩，但这次是为了生存和理想，难免举足不定，有点徘徊。我想这是每一个打算自己创业的年轻人都会有的心理历程。我目前这份工作已经做了 3 年，已小有成绩，并且公司领导对我的工作能力越来越认可，升职做经理是分分钟的事情。如果自己创业，丢掉的不仅仅是一次升职的机会，也意味着放弃了这个积累了 3 年的工作平台，而面对的是一个未知的、不确定的未来。但犹犹豫豫不是我上官七七的性格，不确定才更有挑战性，才会带来更大的惊喜和不同的生活体验。很多事情是想不出结果的，而是需要通过实践来检验的。很快我就打定主意开奶茶店。虽然还不知道奶茶店是否会开成功，但这个世界是会把机会留给有准备的人，万事开头难，做好准备大胆向前走总是没错的。

说做就做，开始市场调研。

第 4 节 三家奶茶铺

经过一段时间的市场调研，我看中了我家对面的海伦生活广场里一个不足 5 平方米的小门面，这个小门面就在农工商超市的旁边。我每天早上 8 点半开始站在路边，计算着出入农工商超市的人流量，以及各时间段的人流分布，因为奶茶铺生意的好坏与地段人流量关系巨大。通过近一个月的观察，我最终决定租下这个门面，并在 2011 年 6 月开始经营起我的第一家奶茶铺，起名“七七奶茶铺淞南店”。

这就是我的七七奶茶铺的第一家店——淞南店。看到那个梳着蘑菇头的小女孩了吗？她就是我的第一位店员香飘飘（见图 1-1）。

海伦生活广场被新老居民区环绕，有着良好的人流基础，七七奶茶铺左边是农工商超市的入口，右边是克丽斯汀蛋糕店，不远处还有一个幼儿园。有着这样得天独厚的地理位置，淞南店的生意很快就步入了正轨。

图 1-1　淞南店和香飘飘

没过多久，我又开始寻找合适的地方，计划着开第二家七七奶茶铺。有了第一次的选址经验，我很快选定了第二家门店的地址——地铁口旁边，开起了七七奶茶铺的第二家分店——地铁店。我为这家分店找到了我的第二位店员凉爽爽，一个脑子活络、动作麻利的女孩子。

后来，我分别为香飘飘、凉爽爽各配了一个助手。接着，我又开始寻思着开第三家店了。这次我决定进军万达商圈，做业务员时的勤奋与执着是我成功拿到万达商铺的重要因素。很快，第三家店铺诞生了，这就是七七奶茶铺万达店。

转眼到了 2011 年年底，在这半年的时间里我开了三家奶茶铺：七七奶茶铺淞南店、地铁店和万达店。到 2011 年年底，三家店陆续步入正常经营。

到 2012 年 6 月，三家店经营状况良好，收入稳定，我不觉有些沾沾自喜。以每家店每月 1 万元的纯利润计算，三家店已经可以给我带来每月不低于 3 万的净利润。我开始谋划第四家店，我的目标是开到 10 家店，每月平均 10 万元利润。

以上是截止到 2012 年 6 月，我和我的奶茶铺的故事。

七七奶茶铺的三家门店中，淞南店地处小区居民区，地铁店开在地铁口旁边，万达店入驻万达商圈（见图 1-2）。

三家门店渐渐开始正常运营，月入三万，窃喜（见图 1-3）。

第 5 节　杯具了

哪有一帆风顺到尽头的路呢？就在我沾沾自喜于每月 3 万元的收益，做着 10 家门店、月入 10 万的美梦时，一阵电话铃声把我拉回到现实。

是地铁店的店长凉爽爽打来的："七七，快点到地铁店来一下。"

凉爽爽是我的第二个店员，性格沉稳、脑子活络、长相甜美，是一个值得信赖的合作伙伴。我从她略带担忧的语气中，预感到一定是发生了什么糟糕的事情，果然，到了地铁店，我看到了这样一则通知。

图 1-2　七七奶茶铺地图

图 1-3　月入三万，窃喜

什么情况，我的地铁店哪去了（见图 1-4）。起初我并没有完全反应过来地铁口施工对我的影响，但在接下来的一个星期里，我彻底明白这对我的意味着什么。

地铁店的位置本来是在地铁入口的左边，就在左侧办公楼小白领进出地铁的必经之路上，但因地铁入口改造，施工栏把我的店面基本遮挡得无影无踪，只留了一条并行两人还稍显拥挤的小道。

对于奶茶铺的经营，销量决定了收益，最大的成本在于房租。房租是年初一次性支付的，现在是 7 月，除非转租，否则每月 12000 的成本就是沉没成本。

很快，这一突变对我的影响反映在了当月的收益报表上：因地铁站销售量下降，三家站的平均销量明显下降，当月收益总额下降了 40%。小本经营抗风险能力差的劣势显露无遗。

第 6 节　传统营销的失灵

问题已经摆在面前：成本没减少，销售额大幅下降，净利润被摊薄。坐以待毙，只有死路一条。

寻找出路，寻找出路！

出路一：寻找下家接店

我把转店的信息发到我能想到的所有地方，如微博、赶集网、房屋出租网站等。我还找到印刷公司，印了一盒又一盒的小名片，跟我的两个小姐妹香飘飘、凉爽爽到处贴小广告、发消息，但谁都不知道地铁口什么时候可以修好，修好后会怎么样，没人愿意承担这种风险，我自己都觉得这个时候找下家接店不靠谱。

出路二：在门店附近发宣传单

我跟很多商家一样，印制宣传单。我一次性投入了 3000 元，印了 1

图 1-4　地铁入口改造

万张小广告，我跟我的店员轮流在地铁店附近向行人发送。过往的路人并不接受这种强制推销，绕开我们走，甚至还会投来鄙夷的目光。一些接过宣传单的人们，走出不到 5 米，就扔到了旁边的垃圾桶里。半个月过去了，我们发了 5000 张，回收不足 50 张。我冷静地反思了这种路边发小广告的营销行为，盲目、非定向、随机、可信度低，最终放弃了。

出路三：定向投递宣传单

拿着上次路边没有发完的小广告，我们选择了附近几个大的办公楼，趁门卫不注意，直接冲进去，挨家挨户地送小广告。说到这，如果读者有过前台工作经历，对这种上门送宣传单的身影一定不会陌生吧。想想你们当时是怎么做的，情况好的，会说一句“放下吧”，情况差的，门都不让进。一晃两个月过去了，情况更糟。

出路四：开源不成想节流

销量下滑之势无法阻拦，我像热锅上的蚂蚁、无头的苍蝇。开源不成，开始打节流的主意。原来三家店，每家店员工 2 人，现在地铁店生意不好，只留下凉爽爽一人看店，万达店或者淞南店的一名店员偶尔过来帮一下忙。同时减少地铁店的原材料进货量。

从我沾沾自喜于每月 3 万元的收益，憧憬 10 家门店，月入 10 万的美梦到现在 4 个月过去了，我的那条绿色的营收曲线眼看着就要跑到 X 轴的下面去了。我还是无能为力，求高人指点，我该怎么办（见图 1-5）。

图 1-5　传统营销手段不能帮我改变现状，我该怎么办

第 2 章　被二维码撞了一下腰

沮丧、焦急、坐以待毙，不是解决问题的办法，我必须从这种状态中走出来，找到出路。

第 1 节　天下无难事，只怕有心人

记得在大学期间，所有步入大学的孩子，终于逃出了父母的视线，都在用各种方式证明自己的独立、成熟、有主见，并以放假不回家为荣。那年，大一的暑假马上就要到了，我盘算着如何可以不回家并能独立生存。在外地读过大学的人都知道，每到期末，同学们的手里只剩下可以买张火车票回家的钱，我也是一样。

首先，我要找到一个住的地方，因为放假了学校要封楼。然后，我要找到工作，确保有收入，并有盈余。我的经济目标是，赚钱买台索尼 CD 机。这个东西放到现在可能不值钱，但在我读大一那会，还是比较风靡的，市场价格在 1200 ~ 1500 元。

我当时手里只有 75 块钱，其实已经不够买回家的火车票了。

我来到学校后面的老楼区，那里是暑假不回家学生的首选之地。宿舍阿姨很和善，价格相对很便宜，一张床铺每天 10 元，全天供应热水。我预付了 60 元的住宿费，可以住 6 天，口袋里还有 15 块钱，然后到楼下买了两包方便面，一包当天晚上吃，另一包第二天早上吃，口袋里还剩 8 块钱。

关于暑期的工作，我的安排是做 8 份家教，有数字、英语、电子琴、陪小朋友游泳、做外教的助教等，可以说是五花八门。

第二天早上，吃完泡面，不到 7 点我就出门了。8 点到 10 点是给一

位高一的小男孩补习英语，每小时 15 元，当场结算。两个小时过去了，口袋里有了 30 元钱了，奔向下一个目标。一个美国老师给一帮小孩讲美语，我的工作是给他当助教，作为他跟小朋友们的沟通桥梁，又蹦又跳的，两个小时过去，我又挣到 50 块。就这样，一天的工作时间在 6 ~ 8 小时不等，再加上路上的时间，每天基本是晚上 9 点左右回到宿舍。每天的收入在 60 ~ 120 元之间，一星期过去了，除去日常吃饭、交通方面的开销，盈余 450 元。就这样过了 4 个星期，每天都很忙碌，很辛苦，风雨无阻地奔波在这个城市的大街小巷。最终我的目标实现了，我赚到了 1700 元，我的索尼 CD 机有了。

工作后，虽然第一份工作给我的多是失败的教训，但也让我明白什么是我做不来的。我的第二份工作是在一家公司做市场，从市场专员做到市场部经理，在这里工作的三年里，我赢得了“难不倒”的美誉。我有一套自己的工作准则和时间管理办法。我的工作准则就是，不以事小而不为，不以事杂而乱为，不以事急而盲为，不以事难而怕为。

我的时间管理办法是，将工作内容分为两级目录，以 0.5 小时为粒度，用 Excel 记录每天的工作内容及待办事宜。每周我可以清楚地知道我在什么事情上付出了多少时间，如果跟事情的重要程度不匹配，那就需要及时调整。

我一直觉得自己能找到解决问题的办法，这次也一样。

第 2 节 盲目跟风二维码

有一个星期，我每天都待在地铁店，亲身感受到了生意的冷淡，店员的无精打采。我知道，她们都等待我的解决方法呢，但我确实还没有想到好的办法。

一天，约了凉爽爽晚上一起吃饭，时间还早，我漫无目的地闲逛在万达商圈，累了，走进地下一层的麦当劳，要了一杯可乐，在那里发呆。这里永远都是那么热闹，年轻男女情话绵绵，老人带着小孩欢声笑语，不愧为在全世界拥有约三万间分店的全球第一快餐品牌。

嗯？那是什么？二维码专区？

有一些年轻人手里拿着手机在那个窗口排队，手机对着一台机器，“嘀”一声后，可爱的麦小妹就取餐给了排队的顾客。

二维码？干嘛的？

离开麦当劳，继续闲逛，走进电梯，又是二维码、微信，什么情况？（见图 2-1）

图 2-1　无处不在的二维码

我突然意识到，商家是在用二维码开展营销活动，拍码可以关注商家信息，拍码可以下载到优惠券，二维码可以作为凭证领取商品。可是怎么做到的？我是不是也可以做到？想着想着凉爽爽到了，我马上把我的想法跟她说了。

凉爽爽一愣，但马上反应过来："哦，我知道，这是微信公众账号。商家建立自己的微信公众账号，以二维码的形式张贴在户外宣传栏上，消费者只要用微信'扫一扫'，就可以关注这个商家的信息了。"

太失败了，作为一个80后老板娘，这么潮的东东我上官七七竟然不知道！

看来，这次地铁店受挫是上天对我的考验呀，不经历风雨，怎会认识二维码？我甚至觉得自己已经找到了打败那条状态低迷绿色"毒蛇"的办法。

二维码，就靠你啦！

建立微信公众账号

回到家，马上开始研究微信公众账号如何建立。

1）百度一下"微信公众平台"，点开微信官方网站，单击右上角的"立即注册"链接，按照提示输入注册用的邮箱（最好用QQ邮箱）、密码等。

2）提交以上信息后，单击"注册"按钮，进入下一步的页面。

3）登录邮箱，单击链接进行激活，成功后转入下一步的提示页面，进行"信息登记"。这里的信息要认真填写，"手机接收验证码"这项可以等所有的信息都填写完确认没问题的时候再进行填写。信息登记的时候要求上传证明材料，个人申请的就是身份证正面照片，必须清晰到能看清上面的详细信息。

4）按要求填完信息后单击"确认"按钮即可进入下一个页面，填写"公众号信息"。这里的账号名称可以填写你要推广的品牌名或者公司简称。信息填写完成并提交后，一般7个工作日内会审核完成。审核通过后你的微信公众平台账号就注册成功了，别人就能在手机微信客户端"公众号"里查找到你，你也可以在电脑上向你的粉丝推送消息了。

折腾了一天，终于提交了申请，开始学习微信怎么玩。

你的企业还没有微信？你 OUT 了！亲，还在等待什么，企业都在着力发展企业微信二维码营销。据工业和信息化部数据显示，2013 年 6 月底微信用户已突破 4 亿。微信时代的诞生不只是通信工具，更是移动互联网高速发展的结果。微信作为一款极具影响力的网络交互平台，正在改变着人们的生活，网络上到处可见对微信营销的吹捧。微信真的这么厉害吗？

一段焦急的等待这后，我的七七奶茶铺微信公众账号终于审核通过了（见图 2-2）。

图 2-2　我开始我的微信营销囧途

第一招：发布店铺信息，做宣传

“亲，七七奶茶铺，你身边的奶茶铺！冬日里的一杯，带给您一股暖洋洋；夏日里的一杯，给您带来一丝凉爽爽，如有需要请至电 135****7777。”

信息发布后，我们焦急期待着有电话打进来。电话响了。

“中杯经典原味两杯、中杯抹茶两杯，我在徐家汇美罗城 7 楼 B 座。”（晕，这里离我们至少一个半小时路程，我怎么送过去呀？）

“不好意思，小姐，这里超出了我们的配送范围。”

“那还什么身边的奶茶铺，徐家汇都不送，关门吧！”砰，电话挂掉了。

囧！重新发。

“亲，七七奶茶铺真诚感谢您的关注，我们是一个与众不同的奶茶铺，走进七七奶茶，您会有更多的惊喜！回复‘1’，可查询七七奶茶铺门店地址；回复‘2’，可查询七七奶茶门店电话；回复‘3’，可查询七七奶茶今日特惠。”

信息是发布了，但能带来什么样的效果呢，心里有点忐忑，几天过去了，终于知道效果了：没有效果。

囧！囧！

嗯，是了，我的粉丝太少了，没人关注我，我即使发布了信息又有何用？怎么办呢？对！跟所有商家一样，把微信公众账号的二维码印刷在精美的宣传单上，发到我们能想到的所有地方。

在张贴海报后的一段时间里，有了一些粉丝，时而收到这样的回复：

“这个店在哪里呀？”

“老板娘，发个头像先！”

“味道如何？”

囧！囧！囧！

第二招：发布优惠信息，做引流

“亲，七七奶茶铺欢迎您的到来，2012 年 12 月 31 日之前每天下午 5 点到 8 点，第二杯半价。”

同样，效果微乎其微，奶茶是低端消费品，消费者不会因为便宜了几块钱就特地跑过来喝上一杯。不带有任何营销逻辑的优惠信息只能沦为赤裸裸的低价促销，还会招来质疑：是不是因为过期了，所以才促销。

囧！囧！囧！囧！“太囧”！

很快，一个月又过去了，微信玩了半天，但销售量增加并不明显，印刷品成本不少花，净利润并没有起色，我再次开始反思。

1）微信很强大，但微信从来就不是营销工具，微信的定位是打造一个良好的生态环境，这个生态环境的基础就是庞大、健康、活跃的用户群，而过度的营销绝对是会破坏这一切的。

2）微博营销必须建立在具有大量真实粉丝的基础之上，这需要一段时间的运营，不可能通过发几条优惠消息就可以立竿见影。

3）微信的本质是沟通，只有建立在信任基础上的沟通才能长久，以营利为目标的宣传、优惠，会使微信沦为垃圾信息的发布工具。

……

微信的使用人群很庞大，但对于我的七七奶茶铺而言，想用微信传播和引流的首要前提是拥有足够多的粉丝，而微信仅仅是传播通道，无法帮我吸引关注者。对于我使用宣传单和宣传海报试图引吸引粉丝的做法，是在用自媒体力量为微信扩大他的用户数，而这种力量弱之又弱。其效果好比，我把一张海报放在上海的南京路上，而且是面朝墙根，南京路上人流川息，但会有几个关注到我的海报，又有几个有兴趣绕到前面去看看究竟，又会有几个有兴趣拿出手机“扫一扫”？

微信公众平台并不适合做营销，原因有：

- 从公众账号的后台来看，编辑模式不够智能，开发模式门槛太高；
- 从信息传播机制看，微信的传播多为单层次的传播；
- 从获取用户方面来说，公众账号获取用户的成本很高。

可以肯定，微信帮不了我。二维码营销很火爆，但我还没有真正学会该如何运用。

第 3 节 关注二维码

不看不知道，一看吓一跳，二维码原来已经这么火了。二维码到底魅力何在？我可要好好学习下。

二维码很潮，很火爆

2011 年 10 月，支付宝推出国内首个二维码支付解决方案，该方案利用手机识读支付宝二维码，实现用户即时支付功能，帮助电商将发展空间从线上向线下延伸。

2012 年 6 月，苹果公司发布 iOS 6，其中的全新应用 Passbook 是将优惠券、积分卡、登机牌、入场券、通用会员卡等来自各类服务的电子票据主要以二维码方式整理在一起的手机应用软件。通过定位功能，当用户走过店铺时，Passbook 会在锁屏状态下自动弹出二维码优惠券等票据信息。

2012 年 9 月，新浪微博推出二维码功能。目前，新浪微博二维码应用更多是基于好友互粉。但新浪方面称，二维码的推出开启了新浪微博向本地生活服务领域的渗透。

2012 年 9 月 11 日，腾讯 CEO 马化腾在中国互联网大会上的演讲中说，移动互联网的地理位置信息带来了一个崭新的机遇，这个机遇就是 O2O，二维码则是线上和线下的关键入口，将后端蕴藏的丰富资源带到前端。

2012 年 9 月，从明星到媒体再到草根，纷纷都开通了微信公众账号，把账号的二维码张贴得到处都是。微信公众账号还没想清楚自己的商业前景，却先把二维码带火了。

二维码为啥能流行起来

二维码是用某种特定的几何图形按一定规律在平面（二维方向）分布的黑白相间的图形中记录数据符号信息的，在代码编制上巧妙地利用构成计算机内部逻辑基础的比特流（由 0、1 构成）的概念，使用若干个与二进制相对应的几何形体来表示文字数值信息，通过图像输入设备或光电扫描设备自动识读以实现信息自动处理。二维码具有条码技术的一些共性：每种码制有其特定的字符集，每个字符占有一定的宽度，并且具有一定的校验功能等，同时还具有对不同选择信息自动识别的功能以及处理图形旋转变化等特点。

目前，市场上被微信、支付宝、新浪微博等采用并“火”起来的二维码是 QR Code。

二维码有如下几个特点：

- 高密度编码，信息容量大。可容纳多达 1850 个大写字母，或 2710 个数字，或 1108 字节，或 500 多个汉字，比普通条码信息容量高几十倍。
- 编码范围广。二维码可以把图片、声音、文字、签字、指纹等可以数字化的信息进行编码，用条码表示出来，还可以表示多种语言文字以及图像数据。
- 容错能力强，具有纠错功能。这使得二维码在因穿孔、污损等原因致使局部损坏时，照样可以被正确识读，损毁面积达 50% 仍可恢复信息。
- 译码可靠性高。它比普通条码译码的错误率百万分之二要低得多，误码率不超过千万分之一。
- 可引入加密措施。保密性、防伪性好。
- 成本低、易制作、持久耐用。
- 条码的符号形状、尺寸大小可变。

二维码在国外的应用

二维码在国外的应用已有很多年，并且有了广泛的应用空间，在一些发达国家，二维码在城市管理服务体系和民众日常生活服务中，都得到了有效应用。

在日本、韩国等地区，二维码的应用普及率达到 96% 以上。在这里，二维码兴起于 2003 年，在 2006 年迎来大爆发，当时日本使用手机二维码的用户就已经达到 6000 万，在街头随处可见标有二维码的商品、广告、电影票、优惠券，其流行和普及程度不亚于短信。

日本杂志等出版物上也随处可见二维码，扫码后会链接到相应的网站。在日本，所有入境人员的护照都贴有二维码，在方便管理的同时也为入境人员提供更多便利服务。

韩国二维码应用同样火爆，2006 年，韩国 4000 万手机用户中有 1700 万都是手机二维码用户。全球三大零售商之一的 TESCO 在韩国地铁、公交站建设虚拟商场，用户可以通过二维码进行购买，这在韩国已经成为一种潮流。

在韩国首都首尔，约有 6300 个公交站牌布设二维码，为市民提供公交查询、旅游指南、生活信息等日常服务。这不仅为市民提供了便利的公交服务，还极大带动了当地的观光旅游业。

还有一些让人匪夷所思的二维码应用。比如，英国推出了这样一款“二维码墓碑”应用：人们只要用智能手机扫描二维码，就可以登录到相关网站了解死者的信息，网站页面信息包括死者的生平、照片、视频以及人们献上的悼词；通过密码登录后，死者的亲友还可以对页面进行更新，在上面添加评论以及对死者的回忆。

世界上最大的二维码则来自于加拿大亚伯达省拉科姆市的克雷家庭农场，其农场主将 2.9 万平方米的玉米迷宫造成了一个二维码的形状，并且这个二维码可以扫描，之后将自动跳转到该家庭农场的专属网页。

在美国，波士顿 Taranta 餐厅用二维码让顾客能很快了解盘子里鱼的来历：何时、何地捕捉，何时送到餐厅……由于二维码比射频识别技术更具安全性和保密性，美国政府要求军用装备必须用二维码进行标识。

在欧洲，一处以“风车”闻名的风景区，就是通过二维码向游客提供景点导航、风俗介绍、停车位置等游览信息服务的。

二维码在我国的应用

相比欧美等地，二维码在我国的应用并未普及。不过，随着近年来我国通信网络的升级、智能手机的普及以及民众生活理念的转变，二维码的应用范围越来越广。同时，我国在二维码研究方面也不断取得新突破，特别是一码多识技术突破了二维码只能存储、读取一种信息的物理限制，为二维码在多部门、多行业、多用户之间的协同作业提供了新的技术基础。

作为一种全新的自动识别和信息载体技术，二维码的经济性和可靠性正被越来越多的人了解和认知。

2010 年 1 月 1 日，新版火车票的发售是二维码在国内一次较大范围的应用。新版火车票最大的特点是从一维条码变成了方形图案的二维码，这不但使防伪功能更强，验证起来也更便捷。检票时，乘务员只要用手持终端刷一下车票，便能验证真假。

在食品安全方面，利用二维码技术不仅可以对食品进行追溯，也方便了对生产经营企业进行管理。这不仅实现了监管常态化、智能化、实时化，而且还为企业产品防伪、营销、市场精细管理和电子商务等提供了便利。

在人口信息服务管理方面，利用二维码和一码多识技术对人口计生流程进行网格化管理再造，实现了以服务对象需求为主的链条式追踪服务，并将政府管理和便民服务有效融为一体，创新了社会管理思路和方法。

在媒体出版方面，二维码技术将文字、图片、音频、视频等媒体元素与信息播放存储技术结合，推动了平面媒体向商务化、物联化时代过渡，并实现了报纸与手机、电视、网络实时互联互通。

真是让我大开眼界，二维码太神奇了。

我越来越相信二维码可以解决我的困境，但微信二维码仅仅是引流入口，无法真正做到营销活动快速创建、多渠道发布以及营销效果的统计管理。

三百六十行，行行有高人，玩码高人，你在哪？

第 4 节 偶遇玩码营销高人

我开始关心二维码营销方面的书籍和事件。

最近，因为万达店的店员请假，我会经常在万达店。我的万达店离麦当劳很近，所以我经常去麦当劳吃午餐。多数时候，我会买一个套餐，拿到万达商圈的一楼大厅的休息椅，坐在那里，一边啃着汉堡，一边看着川流不息的行人。这是一个充满商业气息的城市，这是这个城市最具商业气息的商圈，每个人都在为着自己的理想而奔波忙碌着。

每个人在商机的面前都是平等的

每个人在商机的面前都是平等的，就看你是否准备好了。记得在大一上学期，也就是我刚步入大学不久，我们住的是新校区，宿舍楼都是新建的，周边还在兴建图书馆、食堂等基础设施，宿舍楼晚上会在 7 点半左右停电，晚上没电，大家都很无聊，走过每个寝室，里面基本上都是一片叽叽喳喳的声音。

商机来了，因为无聊时女生对购物毫不抗拒。我重操旧业，我所在大学的对面就是一个国贸城，这个国贸城的商品品类早被我了解得清清楚楚。我找到了胸针批发点，这里品种繁多，价格合理，我属于批发进货，能拿到比零售更优惠的价格。第一次投资了 100 元，每个小胸针平均单价在 0.5 ~ 1.5 元不等，总共进货 80 件。我把小胸针别在一个精美的硬纸盒上，既方便携带，又方便选购。

一切就绪，就等停电。7 点半到了，先是一阵刺耳的停电铃声，跟着是一片女孩杂乱的脚步声，电停了。我等了 10 分钟，要让女孩们平静一下。我一手拿着应急灯，一手拎着我的商品，开始敲门销售。果然，女孩们很兴奋，马上围过来，在我的应急灯照射下，东挑西选。一般情况下，要么谁都不买，要么每个女孩都买，因为对于女孩来讲，消费是会传染的。

生意非常火爆，我总共进货 80 件，有两个寝室的 6 个女孩，每人选购了一个，还同时为联谊寝的男生每人选购一个，所以光这两个寝室就购买 24 个。一个楼层走下来，卖出去 50 多个，太爽了。利润基本上是 100%，如果 0.5 元进的货，那么就卖 1 元，如果是 1.5 元进的货，就卖 3 元。

在卖胸针的过程中，一个细节让我发现了另外一个商机。在一个寝室里，一个女孩正在选购，突然问了一句 ：“同学，你手里这个应急灯多少钱一个？”我灵机一动，是呀，这个也可以卖呀。“15 块，不过现在这个是最后一个了，明天我会进货……”

就这样，我的大学生涯伴随着宿舍楼里这群女孩子不断变化的需求而快乐着。

经营我的奶茶店，已经不是单纯追求做小生意的快感，套用一句俗话，那可是承载着“老公的奥迪，我的迪奥，儿子的奥利奥”呀。

生活，不如意是常态，如意是非常态 ；生意，挑战是常态，稳定是非常态。

“e 码，中国最大的二维码营销服务商”

汉堡吃完了，我站起来，手里拿着可乐边走边喝。咦？那不是麦当劳万达店的店长 Mark 吗，他旁边那个人是谁？那人穿了一件很特别的 T 恤，T 恤后面印着一个大大的二维码。我现在看到二维码就会下意识的拿出手机拍，我快步跟到他们后面，拍了一张（见图 2-3）。

嗯？这不就是我想找的二维码营销高人吗？囧了，被发现了，Mark 回头一看是我，说：“七七，你怎么在这？”

我再一次发挥了大无谓的厚脸皮精神 ：“Hi, Mark，这是谁？介绍一下。”同时快速拿出名片，主动递上 ：“您好，我叫七七，是 Mark 的朋友，我对二维码超有兴趣，您是专家吧？”

图 2-3　邂逅 e 码

“你好，七七，叫我 Jonson，专家不敢当，Mark 是我的客户，我们公司为麦当劳提供基于二维码营销的解决方案及技术支撑，我们楼上马上有一个关于这方面的沙龙，如果感兴趣，就一起上去听听。”

太好了，我一点都没客气，就像是已经认识了很久的老朋友一样，跟着 Jonson 边走边聊起来。

Mark 这时向 Jonson 介绍起我来：“Jonson，七七自己经营着三家奶茶店，其中一家在地铁附近，因为地铁口处在施工，殃及池鱼，她的地铁店生意很差，所以她正在发愁呢。”

“嗯，”我点点头，接着说道：“我尝试了传统的各种营销方式，发宣传单、小广告、降价促销，但并无改观；也试了微信二维码，感觉微信作为沟通工具很好用，但从营销的角度来看，微信仅仅可以作为信息发布跟传播的通道，而不带营销逻辑的传播对于经营者来说是没有太大作用的，所以微信二维码也帮不了我。我真的很想知道满大街的二维码到底在做什么，二维码能解决我的问题吗？”

Jonson 笑了笑，说：“等下的沙龙，就讨论你的问题。”

第 5 节　Jonson 的沙龙 1：二维码营销工具

我们一直上到万达商圈 9 层一端的半开放区域，这里早就聚集了 20 多人，大家分散在各个角落，有的在两两相谈，有的三五成群地在讨论着什么。当 Jonson 出现时，大家都不约而同地将目光投向 Jonson，同时向 Jonson 身边聚集过来，很快，大家面向 Jonson 成扇形围坐过来。

Jonson 站了起来，这时，我才开始仔细打量这位年纪在 35 岁左右的儒雅男士。

“欢迎大家来到 O2O 时代下的二维码营销沙龙，今天又有几位新朋友加入，按照惯例，让我们彼此认识一下。”Jonson 看向坐在第一排最左边的 Mark，“Mark 从你开始，做个自我介绍，跟大家认识一下。”

“Hi，我是麦当劳万达店的店长，很高兴认识大家，也很高兴能有机会与各位分享麦当劳的二维码营销案例。”

“大家好，我是棒约翰企划部经理，叫我 Jack，终于让我找到了这个沙龙，我今天带着很多关于二维码营销的困惑而来，希望能在这里找到答案。”

“各位好，我是……”

大家都作了自我介绍，我听下来，哇，不得了，都是知名的连锁企业：麦当劳、棒约翰、克里丝汀、哈根达斯、来伊份、大歌星等。

在我正在犹豫要不要作自我介绍的时候，Jonson 把眼光投到了我这边，并抬起手指向我这边向大家介绍说：“我来给各位介绍一位刚认识的新朋友。七七，奶茶铺的老板，目前自己经营着三家奶茶店，欢迎她的加入（见图 2-4）。”

“大家好，感谢各位线下开店的朋友，我是 Jonson。平时大家通过微信群联系，今天第一次和大家面对面沟通和交流，相互学习。最近在搞一个面向店长的二维码营销工具，我们暂命名为“旺财”，所以最近这段时间经常和各位店长在微信上聊这款产品设计思路，今天丑媳妇终于见公婆了，给大家看看这个产品的试用版，然后把这个试用版发给在座的各位店长，欢迎各位把在试用中遇到的问题以及对这个产品的改进意见通过微信群告诉我。

希望这个营销工具，能为各位在线上线下互动营销中带来业务上的提升，当然在讲我的旺财前，大家希望听听我对微信营销的理解，所以我先讲讲微信和微生活会员卡，因为这是各位店长第一个想了解的话题，请大家首先思考：微信究竟是什么？”

微信究竟是个啥东东

大家都知道“微信之父”张小龙吧，他说微信是 I/O 系统。I/O 是什么？I/O 是 Input/Output 的缩写，说白了就是信息的输入 / 输出工具，本质就是消息触发接收的工具。那为什么很多人对微信有不同理解？因为不同用户用微信在做不同的内容，微信就像一个容器，你用它喝茶，它

图 2-4　Jonson 的沙龙

就是茶杯；你用它喝酒，它就是酒杯；你用它装醋，它就是醋罐。

你用微信做媒体公众账号，微信就是媒体；你用微信“扫一扫”功能扫二维码，微信就是二维码扫描软件；你用微信做电商公众账号，微信就是电商引流渠道；你用微信关注朋友，微信就是社交圈。所以微信本质是一个免费的消息触发和接收工具，它就是一个移动互联网时代的大 SP（服务提供商）而已，只是目前还没收费而已。

作为触发接收的产品，微信理论上可以成为移动互联网模式下的信息流、商品流和社交流的入口产品。在中国互联网 BAT 三大巨头中，腾讯占据的是社交世界，百度占据信息世界，阿里巴巴占据商品世界。微信从一开始，就利用腾讯在互联网所建立的强关系用户属性，并先后推出“朋友圈”、“漂流瓶”和“附近的人”等功能，冲击了传统的通话和短彩信交互，而利用社交圈在手机上推广社交游戏，也变得非常容易了。

虽然微信占据了社交流，但在传统互联网的信息流和商品流领域，微信将如何取得突破？目前是双冲击的年代，所谓“双冲击”，一是互联网冲击线下一切行业，二是移动互联网冲击传统互联网大佬，所以目前这些大佬们都想拿到移动互联网的门票。无疑，腾信微信已经算拿到了，但它也想在移动互联网的商品流和信息流占有一席之地，以弥补互联网时代下商品流领域被阿里巴巴限制，信息流领域被百度占领的遗憾。于是微信强化“扫一扫”功能开始与信息流结合，而通过与很多线下企业开通微信公众账号的合作，来寻求在商品流领域的突破。一旦涉及商品流，在 O2O 领域中，必定涉及商品的营销、交易和体验等商务行为。我们来看看微信模式下的微生活会员卡是不是能覆盖线下门店的营销、交易和体验这三个商务行为。

什么是微生活会员卡

微生活会员卡这个产品是戴志康团队开发的，它和微信都属于腾讯，但不属于一个公司，微生活是腾讯电商控股公司的产品，而微信是腾讯广州研究院的产品。由于微生活与微信深度绑定最早进行线下门店的

O2O 探索，绝大多数线下门店都自然将其作为微信功能的一部分。

从 2012 年 9 月起，微生活部署在各个城市的运营团队不遗余力、不惜成本的推广商户免费使用会员卡系统，并取得了不错的战绩和整个市场的关注。然而，微生活团队在推广会员卡系统时，并没有向广大商户用户开放其会员系统后台，特别是很多中小商户甚至没有见过后台的模样，他们每一条通过微信推送的消息，都是由本地运营团队代发的，自然也没有得到详细的微信用户资料。

随着微信 5.0 的发布，微信强化用户体验能力，弱化自媒体营销能力（这应该是吸取了微博的教训），同时强化“扫一扫”的 AR 能力，又作为第三方平台，向京东、当当、苏宁易购等电商企业（除阿里巴巴外）开放企业公众账号，使戴志康的微生活团队在微信上的地位开始下降。

微信终归是一个更大的舞台，戴志康加入腾讯后最早负责生活服务电商项目，即 QQ 美食，现在的微生活会员卡。主要收集一些商家信息及优惠券，致力于形成一个基于微信账号系统以及沟通系统的“泛会员体系”，依托微信成为一个商户自助管理的开放平台。

值得一提的是，微生活会员卡一开始是叫“微信会员卡”，戴志康团队对外和商家谈判的时候往往会以微信官方自诩，在微信接口资源上也多于微信公众账号平台。但理论上说“微生活”只是微信平台上的一个 O2O 应用而已，其实质就是基于微信用户的 CRM（客户关系管理）系统。

然而线下商家使用 CRM 系统时其实是有很多个性化需求的，而线下商户 CRM 系统最终的目的是基于不同会员分级进行有价值的消费行为分析。什么样的消费行为对商户有价值？就是不同会员消费该商户哪些商品的时间、地点、场所等相关性分析，而这不是一个通用的 CRM 系统可以满足的。微生活会员卡如果想要提供更好的用户体验，就必须提供更多开放的接口，让线下商户自己玩。

目前业内讨论微信未来可能存在的商业化方向，总的来说都不会离开两个关键词：游戏、O2O 闭环。

移动游戏对于微信来说是肯定可以成功的模式，“海外版微信”Line通过社交游戏、动态表情贴纸等增值服务已经获利颇丰，马化腾更是放言“移动社交游戏是微信商业化第一步”。

对微信来说，上百亿的游戏市场和上万亿的O2O生活服务市场，后者无疑更具发展潜力。通过微生活的案例可以为腾讯微信O2O的走向带来更多的启示。真开放，腾讯只做基础平台，为第三方O2O应用服务；假开放，腾讯既做裁判又做运动员，在几个高利润市场中支持内部团队深入具体行业与外部创业者展开竞争。

虽然微信能够为微生活带来足够的用户资源，但是某种程度上微信在O2O领域已经丧失掉成为独立平台的可能性。有消息称，微信有望在2013年年底开放CRM的API接口，进而为更多商家在客户管理、营销、客服沟通方面提供更强大的第三方技术支撑。很多服务商都已经开始准备，只等微信完全开放。

微生活会员卡的本质是微信+CRM，腾讯之前收购的通卡则是微生活会员卡的核心所在。可惜的是，对于通卡团队来说，他们曾经制胜的两件法宝App和点评都已经被淡化了。在通卡的构想中，其一是无卡化消费，拥有通卡App后，会员就无须携带实体会员卡，直接可以进行消费结算和余额查询。其二是点评功能，在商家实际消费过的会员登录进入通卡App，便可对就餐商家进行点评。

但微生活会员卡完全寄托于微信平台后，在功能上替代了原先的短信发布平台，将会员卡变成虚拟的或电子的，连最起码的LBS提醒都没有，更别说CRM了。

戴志康曾经讲过这样的话：“我们现在采取的方式就是在重点行业和领域里找出那些对互联网意识比较强的，或者对新鲜事物接受程度比较高的，认认真真地坐下来和他们一起去打造这个模式，在他们可以接受的范围之内，有限度地、非常谨慎地去改造他们的流程，使得他们的信息可以和互联网对接起来。当这些信息对接起来，我们也相信这些首批进入尝试的大概有一两千个商家，这些商家能实现一个非常好的收益，能清楚地看到互联网给他们带来了什么。”

听完这番话时，让人不禁感叹微生活团队得有多么地不懂线下商家，才会说出这么一段话出来。相比之下，通卡团队在餐饮业深挖了 6 年之久，相对微生活原团队来说无疑更了解消费者，更了解餐饮业。

因为使用微生活会员卡的商户有两种，一种是对互联网产品有心理预期，愿意尝鲜的群体，我的一位开量贩的朋友就属此类，他认为微信直接显示一张虚拟卡片很酷。另一种是对新产品效果有预期的人，他不关心到底是微信还是微博，有效果才是王道。而目前的微生活会员卡在现实层面会有两大阻力。

- 影响现在的财务流程。微生活会员卡的预充值功能意味着商家本来可以直接收的费要在微生活过一道手，由此带来的问题将会很多，比如回款时间、垫资、现金压力、门店与公司的结算方式、与微生活的结算方式等。商户们在经历了团购大战，习惯了将同等优惠给到多个互联网商之后，这种形式是否能够接受？
- 微生活会员卡其实质是一个 CRM 系统，很多大中商户自有会员卡体制与微生活会员卡无法兼容，谁都更愿意将核心资源握在自己手中。海量的中小商户倒是需要这个系统进行用户沉淀，但是微生活会员卡收费使用费可不是小数目，既然如此，为何不用免费的公众平台系统呢？

微生活会员卡收费模式目前有两种：A 模式为按月 / 季度 / 年包段收费，B 模式为根据开卡会员数量的 CPA 方式收费。二者的门槛费都在五位数以上（有个企业按照 B 模式缴费，10 万会员卡，一年要付给微生活团队 100 万使用费），但暂无针对商户规模的差别化服务包。这笔钱到底值不值得掏，还是要看商户的需求是什么，而微生活卖的又是什么。

很多人不理解为什么戴志康急着要在微生活会员卡上进行收费，坊间传言是他想取得微信 O2O 方向的把握权，想收编通卡团队。在这种情况下，微生活会员卡只有加速其商业化进程，才能再次走在 O2O 实验的最前列。

我们来看两种收费模式，按时间收费的实质是售卖会员卡系统，当然这个系统要比公众平台更加高级，可以对商户的用户进行精细化分析；按会员数收费则是典型的 CPA 收费模式，而这正是微生活会员卡的领头人戴志康最擅长的领域。但是矛盾就在于此，如果售卖会员卡系统的收费模式，对商户的用户进行精细化分析，显然是需要开放的平台化模式运作才能成功，这符合微信的 O2O 开放原则；而按会员数收费的 CPA 模式，恰恰把微信向营销方向去引导，而微信强调用户体验至上，希望利用第三方做营销（引流模式），自己专注于用户和体验模式，这个才是所有问题的根源。

二维码营销的产品设计思路

下面，我讲讲第二个话题：二维码营销的产品设计思路。

二维码其实就 2 个应用：

- 作为电子标签，从线下到线下做营销引流用的。
- 作为电子凭证，把线上到线下的凭证进行营销核销用的。

所以各位店长要想做二维码营销，其实关键是设计符合自己门店的营销活动，没有人能够帮你。这个营销活动是要根据自己产品的特点，渠道的把握来设计，然后通过多种自己控制的渠道发布出去，比如你的微博、微信、海报、包装盒等，让消费者进行互动，互动后的消费者来你的店里进行营销核销，这样你可以了解这次营销效果的情况。比如在你的宣传单上的二维码标签，就是你线下到线上的营销引流，而消费者通过手机被引流并参与你的营销活动，他拿到一张二维码凭证，用这个凭证到你的门店去核销你的营销活动。

“旺财”登场

这样的二维码营销模式，才是我设计这个二维码营销产品的思路。我把这个产品命名为“旺财”（见图 2-5），意为让线下门店的生意越来越旺。它让各门店的店长自己定义营销活动，并将这些营销活动进行多渠道发布，同时能进行营销效果统计管理。

图 2-5 “旺财”登场

这个产品主要由两部分组成：

- 旺财后台：数字化商品定义 / 传递、营销活动配置 / 传播 / 管理（PC 端作业平台）。
- 旺财终端：数字化商品定义 / 传递 / 核销（手持终端）。

各位店长在营销活动中引入二维码的好处有：

- 作为营销活动的入口，便于消费者访问（二维码标签）。
- 充分利用自媒体渠道（二维码标签）。
- 快速递送营销商品，实现活动闭环（二维码凭证）。
- 数据统计，评估营销活动及营销渠道的效果（二维码标签、二维码凭证）。
- 带有时尚元素（二维码标签、二维码凭证）。

下面，大家看一下我的演示。

1）某个特定时刻可以在指定门店使用的某种权益券、代金券以及实物券，这个就是营销活动的自创建。

2）当创建营销活动后，你可以设计一个业务场景把该营销活动放在其中，比如业务场景是满意度调查，你发布一个满意度调查的业务，当消费者参与了这个业务，就触发你的营销活动，给他下发营销活动的二维码凭证。

3）现在各位店长可以把带营销的这个业务场景发布到不同自媒体渠道上去了，现在线上引流费非常贵了，所以我们要通过我们的不同自媒体渠道发布，比如微博、微信、论坛。这些可以直接用 URL 网址方式发布，也可以将这个业务场景放入我们线下自媒体的二维码渠道，比如餐桌、店内海报、易拉宝、商品包装、员工名片等。

4）消费者来你门店用餐，等菜的时间，觉得无聊怎么办？可以在餐桌放一个二维码，定义为“玩游戏赢大奖”，让用户在等待的时间拍码玩游戏，并可以设置中奖，将营销活动定义的实物券（一盘菜）马上发送到用户手机上。

当然，旺财也可以将定义的营销活动与你的微信结合，消费者通过与你的微信公众账号互动，获取营销礼品，简单方便，可统计。

OK，今天“O2O 时代下的二维码营销”沙龙的主题演讲部分就结束了，下面与各位店长互动沟通，互动沟通前，我先把这 20 多个旺财试用版给各位店长，大家登记一下，用的时候，千万别忘了给出意见……

天呀，七七我的命太好了，居然免费听了一次课，同时拿到一个玩码利器“旺财”，还是试用版！我要用“旺财”来搞定奶茶铺目前面临的困境！

第二部分
玩转二维码

第 3 章　玩码第一月：先从优惠券开始

我每每对一件事物刚刚有所认识的时候，都会出现盲目自信和极度热衷的倾向，就像刚学会开车的新司机，总是跃跃欲试。还记得我刚学会开车，那是在我读大三的时候，放假回到家里，那种见到车就想开的心情，所有新司机都懂的。当时妈妈经营了一家饲料加工厂，厂里有一辆桑塔纳和一辆大卡车。在那个暑假，我的战绩是，开桑塔纳撞飞了厂门口的垃圾桶，开大卡车撞倒了加工厂仓库的一堵墙。

同样，我现在似乎找到了扭转局面的法宝，获得了玩码利器，迫不及待地想展示出它的威力。但这次我告诫自己要冷静，只有清楚地看到奶茶铺目前面临的问题，才能找到解决问题的办法。一定要搞清楚自己想要什么，否则即使付出了，也解决不了根本问题。

第 1 节　收益数据分析

记得大一的那个暑假，我满载着可以买到索尼 CD 机的钱，兴高采烈地回到家，向父母炫耀着我的成果。觉得已经可以证明，他们的女儿已经长大，可以独立了，有生存能力了。父亲、母亲为我回家感到高兴。我简略地向他们汇报了我的暑期生活，母亲听着我的辛苦奔波眼里充满慈爱。父亲跟我说：“有些事情需要去尝试，但尝试过就可以了，爸爸很赞成你用自己的方式去体验和追求自己想做的事情，但没有必要重复。大学时间短暂，在这个阶段赚钱并不是最重要的事，甚至如果投入精力过多，反而让你没有精力是体验大学期间更精彩的部分。”

每每想起父亲的话，我都会更加清醒，我需要冷静思考自己的实力和目前遇到的问题。原本已经步入正轨的三个奶茶店，因为一家店出现状况导致利润骤减，奶茶店的产品是一杯杯的奶茶，在固定成本浮动不大的情况下，销量与单价决定了利润。

表 3-1 是我目前的收益数据，可以看出，我已经到了盈亏点。

表 3-1 三家奶茶店的收益数据

	细 项	2012 年 11 月	2012 年 12 月
	实体店数量	3	3
	员工数量	5	5
支出	直接成本支出小计（当月房租、原材料等）	54 300	54 300
	人力成本支出小计（员工工资）	15 000	15 000
	支出合计	69 300	69 300
收入	平均单价	9.5	9.5
	单店月销量	2562	2484
	单店销售额	24 339	23 598
	收入合计	73 026	70 794
收益	总收益合计	3726	1494
	单店收益合计	1242	498

我目前的单店月销量在 2500 杯左右，实现上，万达店能达到 3500 左右、淞南站在 3000 杯左右，而地铁站在 1000 杯左右（见表 3-2）。问题找到了：如何提升地铁站的销量。

表 3-2 三家奶茶店的销量数据

店 铺	2012 年 11 月	2012 年 12 月
万达店	3 610	3 567
淞南店	3 180	2 980
地铁店	897	905
总计	7 687	7 452
平均	2 562	2 484

旺财能帮我做到吗？

不能再犯新司机的错误，撞飞一个垃圾桶的后果可以承担，玩不转二维码，倒掉的可能就是我的地铁店了。既然决定开始玩码了，就应该对二维码有个较为全面的认识。

“既然选择了创业，就不要轻言放弃，办法总比困难多”，这是我第二次见到 Jonson 时，他对我说的话。也许我过多地抱怨了我目前的困境，Jonson 想鼓励我。

“没有人可以轻易成功，每个人都是在不断地遇到困难，不断地找到解决问题的办法，你也许在遇到的某个困难面前跌倒了，这没关系，只要不丧失寻找解决困难的信心，总是会有办法走出困境的。

我听你说，你已经找到了问题并且制定了这个月希望达到的目标，这很好。

很多事情都不是一蹴而就的，只要目标明确，坚持每天前进一点点，改变会在不知不觉中发生。

既然想通过二维码营销来改变现状，那么建议你来我定期举办的关于二维码营销的沙龙，在这里有很多跟你类似的连锁企业经营者，或负责企业市场营销的主管。集体的智慧是无穷的，思想的碰撞一定会产生火花，你来沙龙听听，相信你一定会有所收获。”

第 2 节　Jonson 的沙龙 2：看懂二维码

大家好，今天是我们“O2O 时代下的二维码营销”的第 2 次沙龙，今天的主题是“看懂二维码”。

线上数字世界都能给我们带来什么

当我们在街上、地铁、电梯里时，展现在我们面前的二维码都是作为具有标签属性的二维码存在的。用我们手机上的拍码软件拍一下，即可像打开一道门一样进入线上的数字世界。那么线上数字世界都能给我们带来什么呢？让我们一起看看几个案例。

（1）拍码抽奖

麦当劳把拍码抽奖网页的链接生成一个二维码，并把它做成薯条状，印刷在各个门店显眼的地方，消费者用拍码软件拍一下即可进入到拍码抽奖的页面，中奖概率及奖品都是由麦当劳自行设计的。消费者只需按照页面上的提示输入手机号，即可参与抽奖。如果中奖，消费者同样会得到一个二维码，凭借这个二维码，即可在麦当劳的各个门店领取相应奖品。

（2）拍码看新品展示

餐厅的餐桌上可以贴一个具有设计感的二维码标签，拍码进入即可看到新品的介绍，二维码在这里仅是一个入口，后台的内容是可以根据商家菜品情况不断调整的。

（3）拍码看食材

食品安全问题备受关注，有些菜市场会在所售菜品、海鲜类食品前摆放相应的二维码，消费者可以通过拍码了解相关菜品的产地、物流信息甚至做法；同样，有些餐饮商家也会把菜品生成一个二维码，消费者订餐后，可通过拍码了解到，每道菜品的原材料以及这道菜是怎么做出来的。

（4）玩游戏赢大奖

商家可将进入游戏页面的链接生成一个二维码，个人消费者拍码即可进入游戏界面。既然是玩游戏赢大奖，那就意味着，消费者赢得了游戏即可获得一个奖品，这个奖品可以由商品提供，比如，麦当劳可以将一个甜筒作为奖品，餐厅可以将 20 元的代金券作为奖品，七七奶茶铺可以将“买一送一”的优惠券作为奖品。奖品同样会以二维码的形式，通过短彩信的方式发到客户的手机上。

（5）二维码防伪“身份证”

2013 年 6 月在上海举办的“首届上海品酒论坛”上，上海市酒类专卖管理局与上海商检部门、外高桥保税区达成共识：年内外高桥保税区进口葡萄酒将有望全部印上二维码，消费者用手机扫描进口红酒商标上的二维码防伪“身份证”，即可准确了解到产品的出产地、品质、价格等有效资料。

（6）扫墓就扫二维码

2013年3月，沈阳一家墓园开始提供二维码墓碑免费制作服务，用手机扫描一下就可以看到逝者照片或视频，了解他的生平事迹；逝者家人还可以对网页内容更新维护，通过设置密码对隐私进行保护。对此，网上有一个神评：“人生，说到底就是个二维码！”

以上说的案例，都是用二维码作为标签的，它的主要功能就是利用二维码进入互联网的数字世界，所以各位店长，千万别小看了这个入口，它可以让你把线下的渠道流量引到线上。现在线上引流费太贵了，都到天价了。我负责一个面向个人的二维码网站，叫“二维码乐园”，目标是到年底日均IP到1万，但我的团队一开发完这个网站，我的市场推广专员给我报一个推广计划，一看推广计划，我吓了一跳，平均IP到1万流量，我至少每天要花6万元左右，连续做2个月，也就是说要花我360万元。

所以，我现在把这个计划搁置了，准备通过线下渠道引流到我的这个网站，目前还没想到如何引流，但二维码标签一定是我的引流手段之一。

二维码凭证业务

下面，我们来谈谈二维码凭证业务，我们也看看一些案例，先讲一下电信运营商的代表中国移动是怎么使用二维码电子凭证来实现他们的营销活动核销的。中国移动有7亿多用户，其中有价值客户有2亿多，平均的ARPU值在70元，中国移动将年收入的2%～3%作为积分回馈客户。据此可以估算，中国移动年积分兑换金额在几十亿人民币，这块市场其实不小。对电信运营商而言，如何把年收入的2%～3%回馈给客户是个很大的问题，因为中国移动面对的客户群体实在是太大了。使用二维码电子凭证进行积分兑换可以帮中移动解决以下几个问题：

1）不用预先购买商品，资金占用的风险就不存在了，也不会发生浪费的情况；

2）可以灵活地将顾客不喜欢的商品调整“下架”，无库存压力；

3）顾客自己领取礼品，省去配送成本，可以给顾客更多回馈，同时不便邮寄的物品（如易碎品）也可以兑换了。

下面我们看看数据，中国移动积分商城电子凭证业务自 2009 年 12 月 17 日启动以来，截至 2010 年 1 月 18 日，共有 30 万人次参与兑换，平均每天 1 万人次。兑换金额累计达 626 万；最高峰出现在元旦节，当日就有 3.3 万人参与兑换，兑换金额达 68.6 万，效果非常显著。表 3-3 是各地移动分公司在积分兑换中用二维码电子凭证完成自己的营销核销的数据。

表 3-3　各地移动分公司积分兑换情况

省市	应用领域	项目	概述	流量	网点	应用规模
广东	积分兑换	积分兑换实物	在广东阳江等地市开展	5000	104	目前已使用 3798 人次
云南	积分兑换	积分兑换电影票	在昆明、玉溪、版纳等多个地州开展	约 40 万	20	目前已使用 371 637 人次
重庆	积分兑换	积分兑换电影票		3 万	1	目前已使用 3 万人次
上海	积分兑换	积分兑换电影票	通过 3 家票务公司在 15 个影院开展业务	约 1.7 万	17	目前已使用 16 927 人次
福建	积分兑换	积分兑换电影票、电子洗车券、取物凭证	在福州积分兑换海峡影城电影票，还可兑换取物凭证；在福州和厦门等城市开展积分兑换洗车券	约 10 万	50	目前已使用 14 883 人次
四川	积分兑换	积分兑换电影票	在成都、德阳、内江、宜宾等多个地市开展	86 万	25	目前已使用 809 149 人次
北京	积分兑换	积分兑换麦当劳餐券	在麦当劳兑换指定的套餐	55 万	105	目前已使用 271 593 人次
山东	积分兑换	积分兑换购物券、电影票	在济南、德州、潍坊等地市开展	3 万	15	目前已使用 23 617 人次

讲完中国移动，我们讲讲国内银行的代表中国工商银行（以下简称“工行”）是如何利用二维码电子凭证完成自己的营销核销的。工行希望用石化加油卡作为礼品反馈给客户，在没有使用二维码电子凭证前，他们的业务流程是：

1）工行预先采购一批中石化实体加油卡。

2）工行信用卡用户按照工行的活动要求办理业务。

3）工行工作人员收集统计办理业务的客户信息。

4）工行短信通知用户前往指定营业厅领取奖品石化加油卡，或者按照用户的地址邮寄给用户。

5）客户拿到实体加油卡之后，到石化加油站享受服务。

通过使用二维码电子凭证进行营销核销，他们目前的业务流程是：

1）工行不用预先采购实体加油卡，只需预先支付给中石化预付货款。货款额度根据工行的活动预期来和中石化具体协商。

2）工行信用卡用户按照工行的活动要求办理业务（此步骤和原有流程一样）。

3）工行收集统计办理业务的人员信息，包括手机号码。

4）用户无需前往营业厅领取实体卡，工行直接发送二维码电子凭证加油卡给用户。

5）用户直接前往中石化加油站进行验证加油。

6）中石化按照实际验证情况与工行结算，不验证不结算。

在O2O领域，我把电信运营商和银行看成大的渠道商，他们是未来可以和线上渠道商（如淘宝、腾讯和百度）抗衡的力量，只是他们目前还不知道他们的历史使命。讲完这两大渠道商利用二维码电子凭证完成营销核销，我们来讲讲内容商（也就是线下商户）如何利用二维码凭证完成营销核销的业务。以烘焙行业为例，每个烘培企业几乎都有自己的代金券或者带金额的卡，无论是纸质券或带金额的卡都可以作为一个营销业务，穿上“二维码凭证”的外衣，通过不同的碎片化渠道进行销售。同样，也可以给实物类商品（如月饼、元宵、粽子、生日蛋糕等）穿上

"二维码凭证"的外衣，通过不同的碎片化渠道进行销售或营销引流。

二维码与 O2O 的关系

下面，我谈谈二维码与 O2O 的关系。为什么目前 O2O 和手机二维码会一起受到热议？O2O 是一个生活服务移动互联网化的过程，本质是线上数字世界和线下物理世界之间互动的新商业模式。既然是互动，就存在两个"出入"的桥梁：其一是从线下物理世界"进入"线上数字世界，其二是从线上数字世界"出来"回到线下物理世界。

二维码标签，本质就是从线下物理世界"进入"线上数字世界的一个低成本的手段。O2O 就是在移动互联网时代，生活消费领域通过线上（数字世界）和线下（物理世界）互动的一种新型商业模式。以前消费者是通过 PC 与线上虚拟世界进行互动，现在越来越多的通过智能手机、电视设备、车载设备等不同于 PC 的设备与线上进行互动。随着智能手机的普及和 3G 移动网络的建设，智能手机是除 PC 外与线上虚拟世界交互的最常见设备。根据线上虚拟世界的商务规则及商品属性，通过编码手段将商品信息编成一个二维码图形，放在线下现实世界随手可得的地方，结合一些真实的营销环境和手段，吸引消费者利用手机扫描二维码，快速实现线下现实世界到线上虚拟世界的互动。

而二维码凭证，本质就是从线上数字世界"出来"回到线下物理世界的一种商务信息的凭证，刚才讲的中国移动、中国工商银行以及烘焙企业就是利用二维码凭证完成的营销核销。

OK，今天的沙龙主题演讲就讲到这些，谢谢各位店长！

哈哈，七七我经过一段时间在网上恶补二维码知识，今天通过 Jonson 的沙龙"看懂二维码"，终于对二维码有了比较立体的认识。看来二维码不是微信，微信也不代表二维码。了解二维码标签业务做线下渠道营销引流和二维码凭证业务做营销核销才是关键，今天开始，奶茶铺的二维码之旅开始了。

第 3 节 七七的二维码优惠券

二维码优惠券是我们随处可见的商家优惠活动，开展这种优惠活动的流程大致如下：店家首先需要印制纸质优惠券，消费者的消费符合相关条件后（如消费满 100 元），即可获赠一张优惠券。消费者凭券在二次消费时可以抵用现金。

很多商家开展这种营销活动后，一般都会面临这样的问题：纸质券容易造假，无法精确地递送到客户手中，营销效果无法被统计。还记得 1 个月前，我跟香飘飘、凉爽爽拿着印刷好的优惠券，盲目地向路人发印刷宣传单的情景。事实证明收效甚微，这种做法的问题是：

- 无法锁定客户，这些路人成为我的奶茶客的概率很低；
- 印刷品不易保存，被随手扔掉的概率很高；
- 发出的优惠券到底给我们带到多少客流，这种营销效果没办法统计。

我这个月的目标就是为地铁店引流提高销量。

我找来了香飘飘和凉爽爽，跟她们讲明了本月的目标，拿出旺财向她们演示。她们面对我手中的旺财终端，还有点好奇，我跟她们说，传统的市场营销，进行实物交易，但现在是互联网时代了，智能手机用户庞大，我们也可以利用我们的微信公众账号来传播。

用旺财定义一个营销活动，赋予商品时间、地点、营销条件、商品编号等属性。

数字化商品可以是实物类，如麦当劳原味鸡腿堡；也可以是权益类，每天下午 4 点开始，买一送一，还可以是金额类，如预付费卡或代金券 100 元卡、50 元卡等。

把我们的奶茶转化为数字化商品，用二维码作为数字化商品的外在表示形式，即穿上二维码的外衣。看着她们明显困惑的眼神，我一边演示一边进一步说明了我的想法。

为了达到为地铁店引流的目的，我们可以定义一系列的优惠券，如：

第一步：关注微信回复关键字。

回复“Y01”获取 5 元抵用券一张；

回复“Y02”买中杯可免费升大杯；

回复“Y03”买一送一大酬宾；

每人每天只能获取一次。

第二步：收到关键字列表。

第三步：回复优惠券代码获优惠券。

第四步：收到通过微信返回的二维码优惠券。

第五步：到门店使用二维码消费。

消费者凭他选择的二维码就可以到我的店铺消费并享受相应的优惠了。

凉爽爽听懂了，她想了想，说：“嗯，这个不错，电子凭证是保存在消费者的手机里的，不会被随意丢掉。”

凉爽爽说的对，而且因为每个优惠券的二维码都是不一样的，我们可以通过验证数据统计出哪些优惠券更受奶茶客的欢迎。

第 4 节　月末总结：初见成效

我们的微信公众账号里有了吸引人的优惠信息，在后面的几天里，关注我们的人数不断增加，地铁店的销量开始有提升。虽然地铁店被施工栏隐藏在不起眼的地方，但我惊奇地发现，在这附近总有拿着手机在寻找着什么的年轻男女，我为此感到欣慰。

我们在万达店、淞南店同样放置了七七奶茶铺微信公众账号的二维码，希望尽快积累更多的粉丝。

还有一点在我看来是意外的收获，旺财终端每天可以统计发出的电子凭证数据以及到地铁店验证的数量，我可以用数字来证明，这次设计的几款优惠券是否对消费者有足够的吸引力。

商家最愿意为效果付费，这种引流效果可以说是做到了可追溯。优惠券活动可以持续下去，可以看看哪种优惠券最吸引我的顾客。

一个月过去了，地铁店的销量达到了1600杯，比上月增加了600多杯，万达店跟淞南店的销量与上月基本持平（见表3-4）。

表3-4 玩码一个月后销量数量对比 （单位：杯）

分 店	2012年12月销量	2013年1月（玩码第一月）
万达店	3567	3500
淞南店	2980	3000
地铁店	905	1600

前面讲过，经营奶茶铺，赚钱的两个关键指标是销售跟单价。玩码一个月后，虽然地铁店的销售提升很快，但因为做的是买一送一活动，平均单价下来了一些，影响了利润。不过，无论怎样，销售意味着人气，有了人气就是一个好的开端。

月末的最后一天，是对一个月的经营状况进行总结的日子，我通常会叫上香飘飘、凉爽爽一起，大家汇总一下各店铺的情况（见图3-1）。

凉爽爽首先发言："我们需要让更多的人知道七七奶茶铺，这基本上是每一个商家都有的诉求。第一个月的二维码优惠券实在是给了我一个不小的惊喜，让我知道，办法总比困难多。"

香飘飘接着说："二维码优惠券确实给我也带来了惊喜，这给我们继续把地铁店经营下去增加了很大的信心，之前真是担心没办法挽救地铁店了呢。不过，有一点我们必须看到，虽然这个月销量增加了600杯，但是以优惠券投入为前提的，离我的目标还很远。下面该怎么走呢，我还没什么思路。"

有这两个贴心的合作伙伴我真是无比幸福呀。

嗯，我们一定要继续走下去，如何让更多的人知道我的七七奶茶铺呢？其实这时我心里也不是很有谱。

凉爽爽、香飘飘都看着我，似乎在说："七七，下一步人怎么办？"我心想，这时候一定要给姐妹们一些鼓励的语言，表现出我的自信。

"心急吃不了热豆腐，事情要一步一步做，每天前进一小步，十天前进一大步。你们想呀，在微信公众账号里，不仅可以推送优惠券信息，

我们要让更多的人知道七七奶茶铺
二维码优惠券好神奇，我们的地铁店有救了
心急吃不了热豆腐，我们一步一步走
coffee

图 3-1　初见成效

别的信息也是可以推送的。你想让别人知道你的店铺，完全可以。同样的逻辑，通过回复关键字，粉丝们收到门店信息页面链接，进入页面即可查询门店信息。

微信是个传播渠道，但旺财可以帮我们定义营销内容，微信 + 旺财就意味着可以帮助我们把营销内容传播出去。海阔凭鱼跃，天高任鸟飞。天大地大，大有可为，放心吧，大胆向前走。”

第 4 章　玩码第二月：玩游戏赢大奖

商家的营销活动必须有一个持续性，第一个月的引流是一个好的开端，如何延续下去，让我的奶茶客持续关注我，依然考验我的智慧。

第 1 节　天下没有免费的午餐

记得大一时，一个女生的突然一问激发了我做应急灯生意的想法。大家都知道，对于小商品销售，看似赚到了钱，实际上最终你赚到的是你的存货，而要继续卖，就要不断地进货再销售。我的胸针生意就面临过这个问题，在胸针剩下 30 个左右的时候，女孩们就会觉得选择空间太小了，选不到喜欢的。我曾经想用促销的方式把存货清掉，这意味着我的利润会大幅下降，而且我发现这个策略并不奏效，因为对于挑剔的大一女孩们，降价无好货的概念已经深入人心。对此，为了再销售，我不得不一再进货，这会让我总有一些存货，而在实际销售过程中，女孩们选择的也多为那些新货。如何处理存货，是我遇到的一个问题。

我后来是这样做的：一个寝室的女孩，同时购买两个或者两个以上应急灯的，每人可以获得再任意挑选一款胸针的权利。面对完成商品购买后可任意挑选一款胸针的时候，可爱的女孩们就不会在意挑选的空间小了。实际上这个营销逻辑是有问题的，如果两个女生上门来采购，我其实无法判断她们是不是同一寝室。但事实证明对于大一女生这招是有效的，让我觉得大一的女生实在可爱，在卖应急灯送胸针的过程中曾发生了几件事，让我印象深刻。

一日，两个女生来到我的寝室，希望各买一个应急灯，并要求各挑选一个胸针。在挑选之前，这两位可爱的女孩为了证明她们是同一寝室的，竟然出示了学生证。另一件事是，我在一个寝室销售的时候，有两个女生一个半躺在床上，一个坐在这个女生的床边，两人有意购买，也都挑选了各自喜欢的胸针，在付钱的时候，坐着的女生说："呀，我是对面寝室的，怎么办？"我马上故作为难，这个时候两个女孩已经对自己挑选的胸针爱不释手了。接下来发生了让我更为惊喜的事情，坐着的女生像个兔子一样突然蹦了起来，打开门跑了出去，还留下一句话："等一下，我马上回来。"还没等我回过神来，两个女生出现在了我门前，那个原来坐在床上的女生又拉了一个女生过来。她热情的介绍着，这个应急灯很实用的，还送一个漂亮的胸针。而躺在床上的女生同样说服了她的一个室友，结果，我一次成交了 4 个应急灯，而且处理掉了 4 个胸针。不说你也知道，胸针的价格我已经放在了应急灯里。就这样的一个营销活动，既帮我卖掉了应急灯，又有效地处理了小商品的存货。

确实，对于免费赠送这件事，消费者多少会有些顾忌，因为天下没有免费的午餐，而对于通过努力争取来的权利反而更为珍惜，玩游戏赢大奖就是抓住了客户的这个心理。

第 2 节　Jonson 的沙龙 3：玩游戏赢大奖

"玩游戏赢大奖"这个方法，我还是在 Jonson 的沙龙上学来的。那天我去晚了，跑到万达 9 楼的时候，Mark 他们已经开始了，我跑进去一看，Jonson 的 PPT 投影出一个巨大的二维码，大家有的正在拍，有的正在低头玩着游戏。

我愣住了，什么情况？

消数字游戏的启示

Jonson 示意我坐下，用手机拍二维码，看看会发现什么。我拿出手机拍了一下，进入了一个 WAP 页面，在这个页面下有 3 个游戏可以选择，我选择了其中的消数字游戏，如图 4-1 所示。

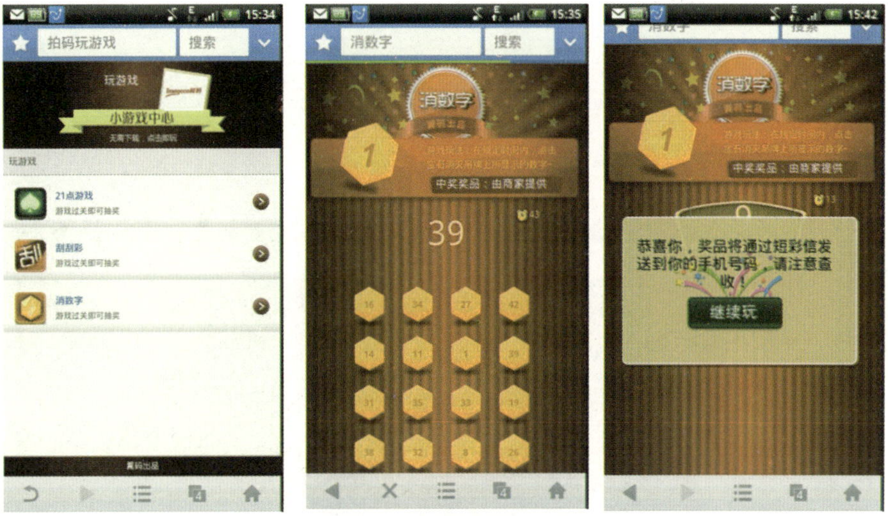

图 4-1　消数字游戏

屏幕上出现一个大的数字，下面有 16 个数字，玩家需要在这 16 个数字里选出一个，或者两个相加，如果结果与那个大的数字相等，即可把这个大的数字消除。玩家在系统规定时间内把这 16 个数字都用掉，即为获胜。我玩了几次都超时了，更加激发了我继续玩的热情。

啊哈，在还差 3 秒的时候，我终于把所有数字都消掉了，这时跳出 3 个醒目的大字“你赢了”，还写着“请输入手机号，奖品将通过短彩信发送到你的手机号码，请注意查收（配奖品短信截屏）”。

不出 5 秒钟，果然收到一条彩信，凭此条码可在任意麦当劳门店，免费领取芒果雪冰一杯。

Jonson 开始讲话了：我们今天总共 23 个人，请问大家是不是都玩了游戏？”大家纷纷点头。“那得到奖品的朋友请举手”我因为来得晚所以坐得比较靠后，我看到大约十一二人把手举了起来，我也举了手。Jonson 清点了一下人数："我们今天这里不包含我总共 23 人，中奖的是 12 人，中奖概率 50%。游戏玩了，请大家梳理一下思路，这种二维码营销的应用适用于哪些行业客户，能给客户带来什么，请大家仔细思考一下（图 4-2）。"

图 4-2　第 3 次沙龙，玩游戏赢大奖

"玩游戏赢大奖"的引流入口思路

我在纸上边写边梳理着我的思路：

1）首先，这个营销活动是谁策划的，是想让他的客户玩游戏的商家策划的。

2）谁想让他的客户玩游戏呢，其实这些游戏并不比《神庙逃亡》、《愤怒的小鸟》、《捕鱼达人》有趣，但玩这个戏，客户可能获得奖品，而通过努力得来的奖品会让人觉得更有意思。

3）餐饮行业的客户，因为有些餐厅在人流高峰会出现排队现象，如果门前有一个二维码供大家拍码玩游戏，可以留住排队的消费者。

4）留住排队消费者的不是这款游戏，而是过关后得到的奖品，不仅仅是奖品，更是因为努力而争取到的权益。如果这个奖品是商家提供的，那么商家就会跟消费者建立更紧密的关系。

5）关于得到的奖品，刚才我得到的是麦当劳的芒果雪冰，为什么会得到麦当劳的奖品，麦当劳跟这款游戏有啥关系？

6）我是玩游戏过关免费得到的奖品，那谁在为麦当劳的商品买单？

嗯，想明白了，这个二维码是商家开展“玩游戏赢大奖”的引流入口，这个二维码是作为一个标签存在的，前面在 Jonson 的沙龙里已经讲过。对餐饮行业或者 KTV 这种生活服务类行业客户，这种营销活动都很适用，商家可以用别家的商品作为奖品，也可以使用自家的商品，原则是要能够吸引客户，增加在店家的消费概率。如果选择别家的商品，可以双方约定，按消费者领取的数量结算。

传播是一切营销的基础

想明白了，心情大好，开始盘算我七七奶茶铺的“玩游戏赢大奖”该怎么玩。沙龙结束了，我没有急着走，想跟 Jonson 聊聊我的想法。Jonson 跟 Mark 聊了一会，看到我还没走，就走了过来，坐在我旁边的位置。

我跟 Jonson 说，第一个月的优惠券活动对于我地铁店的引流帮助很大，销售额由 1000 杯左右涨到接近 1600 杯，但因为是靠优惠活动推动的（送代金券、买二送一、中杯免费升大杯），商品单价被拉下来了，所以净利润并没有明显上升。

Jonson 听我说完，笑了笑：“首先恭喜你走出玩码第一步，我记得你当初说过，第一个月的目标就是引流，实际上你的阶段性目标实现了。现在又是月初了，这个月你有什么计划，你的目标是什么？”Jonson 在引导我先说出我的想法。

我说 :“营销活动需要持续，但也不能总是亏本赚吆喝，本月我的目标是继续拉升销量，同时也要看到净利润有抬头的趋势。七七奶茶铺也想玩玩游戏赢大奖，你觉得可以吗？”

“先说完你的想法。”Jonson 鼓励我继续说。

“很简单，就像你今天沙龙的内容，可以玩游戏赢麦当劳的商品，为何不能玩游戏赢我七七奶茶铺的奶茶？”

Jonson 笑了笑，点点头说 :“看来你听懂今天的内容了，而且还在蠢蠢欲动。你能这样想很好，但我要提醒你一点 :**传播是一切营销的基础，再好的内容没有传播都是肥皂泡。**”

嗯，我眉头皱了一下，其实我也想到这个问题了。我毕竟是只有三家店的小连锁，品牌知名度与麦当劳、哈根达斯没有可比性，也不可能投入大量的广告费用，如何有效传播确实是个大问题，现在已经不是酒香不怕巷子深的年代了，快节奏的都市生活，讲究的就是速度。内容再好，如果不能快速、精准地传播到消费者手中，一切都是浮云。

Jonson 似乎看出了我的问题，说 :“你有没有想过，你店铺周边都是些什么企业，是否可以通过他们把你的营销内容传播出去？”

我没太明白，一脸困惑地看着 Jonson。

“我记得你的地铁店附近有很多小品牌服装店，是 18 ~ 28 岁女生首选的逛街地点，但并不是男生们喜欢去的地方，男生去，多是陪自己的女朋友。在女生全神贯注地选购试穿时，店老板一定不希望因为男生的催促而致使女生离开，你说呢？”

我机械地点点头。

“那么，如果店家在门前立一个广告牌，告诉顾客可以参与玩游戏赢大奖，那么男生们是不是就可以耐心地等待了？而且到女生完成购物时，男生说不定已经获得了一份让女生意外的小惊喜。”

我的眼睛亮了起来。

“嗯，我可以说服店家立广告牌，因为这样可以帮助店家留住陪逛的人，奖品由我来提供，店家就是我传播的渠道，而且我可以选择离我的地铁店很近的店家，店老板都会帮我告诉顾客奶茶铺的位置。

可奖品如何设置呢？我可不想再免费提供了，我这个月的目标是在增加销量的同时，让利润有所回升。”

Jonson 笑了笑说：“你忘记数字化商品的属性啦！数字化商品可以是实物商品，也可以是权益类商品，比如，你的奖品可以是恭喜您中奖了，凭此二维码，可享受第二杯半价，或者恭喜您中奖了，凭此二维码，可享受中杯升大杯”。

“太好了！”我开心地大叫。

“这还不够，”Jonson 继续说，“地铁店那里之所以人流大，还有一个原因是周边有很多办公大楼，据我所知，至少有三个大的办公区大楼。为了解决白领们的中午用餐问题，大楼里一定有餐厅，如果小白领们在排餐、等餐、用餐的时候，可以玩游戏赢大奖，你觉得效果会如何？”

说到这 Jonson 就停住了，因为他觉得我听懂了，Jonson 站起身来说：“OK，我们也走吧。”

第 3 节　七七的玩游戏赢大奖

说到执行力，我绝对是一流，想好了就马上执行。当天晚上，我就把香飘飘、凉爽爽叫到我家，俗话说得好，“三个臭皮匠，顶个诸葛亮”，何况我们是比臭皮匠聪明的 80 后。我把今天沙龙的内容，也就是“玩游戏赢大奖”的业务逻辑跟两位美眉一边演示，一边讲解了一遍，然后开始制定执行计划。

确定传播途径，设置奖品

我们很清楚，要想“玩游戏赢大奖”大获成功，最关键的要素是传播途径，我们把传播途径初定为地铁周边的餐厅、小服装服饰店，以及办公大楼里的食堂。

凉爽爽说：“这周边办公楼的情况我还是比较了解的，我知道我们对面大楼地下一层就是一个食堂，我还去吃过呢，我明天就去试试。”

香飘飘接着说：“咱们地铁店附近的餐厅以及那些小服装店都是我经常光顾的地方，七七，明天我们就当去逛街，逐一跟他们聊聊。”

“太好了，不过明天上午我们应该先把这个玩游戏赢大奖的二维码标签做出来，当场给人家演示一下，人家也比较好理解。我明天上午先去我家旁边的那个广告公司打印几张出来，然后到地铁店来跟你们汇合。”

一切布置妥当，三个女生兴奋地告别了，等待着大干一场。

等她们走了，我还没有睡意，躺在床上，心里盘算着一系列的数字。如果希望通过“玩游戏赢大奖”带来 1000 个客户，中奖概率设为 80%，那么至少需要 1250 个人参与活动，再考虑 20% 的人即使中奖也不一定来消费，那么至少需要 1500 人参与活动。一个月按 30 天计算，那么每天需要至少 50 人参与活动。找到跟踪数据的基准了，Jonson 给我的小旺财是有数据统计功能的，我可以看到每天参与玩游戏赢大奖的数量。每天 50，每天 50……心里念叨着这个数字，迷迷糊糊地就睡着了。

“叮铃铃……”早起的铃声每天准时工作，6 点 45 了，起床，迎接新的一天。上海的 2 月，天气有些寒冷，让人不愿离开暖和的被窝。但是我不一样，今天是一个征程的起点，按照昨天的部署，我今天应该做出一个标签的试样。只要有目标，生活就会有动力。

我拿出旺财，开始设置“玩游戏赢大奖”的活动奖品。奖品我设置了两个，一个为可享受第二杯半价，另一个是买中杯可免费升大杯。总的中奖概率设为 80%，得到两种奖品的概率各占 50%。

吃了早餐，梳洗打扮一番，8 点多，出发！

早起的鸟有食吃

来到平时经常路过的 ×××× 广告公司才发现，太早了，人家没开门，继续走。前面是个培训学校，我发现校门左边有个很不起眼的图文制作社，它没有像其他广告公司一样挂着醒目的招牌，只是在玻璃上贴了“图文制作”四个大字。我看到里面有人影走动，不知道行不行，走上前敲敲门，“请进”，一个清脆的声音传了出来。我走了进去，是一个 20 岁左右的女生，给人清爽利落的感觉。后来我知道她叫莉莉，而且和她成为了长期合作伙伴。我表明来意，她看了我 U 盘里的二维码和想表达的文字，又问了我希望展示的地点，就开始认真地制作起来。制作过程中，不时又问我一些问题，同时也给了我一些意见。很快展示广告牌做好了，比我想象中的还要理想。

临走的时候，我对她说：“你的小店开门很早嘛。”莉莉说：“早起的鸟有食吃，这不，你就是我的食儿。”

“早起的鸟有食吃”，多么浅显易懂的道理，听到从这个 20 多岁的女孩嘴里说出来，让我印象深刻。后来，莉莉也跟我成为好朋友，我所有的印刷品一定会来找莉莉做。

10 点，我到了地铁站，香飘飘、凉爽爽已经在那里了，我拿出了早上的杰作，她们也觉得眼前一亮。好，我们分头行动，凉爽爽去找办公楼里的食堂，我跟香飘飘去扫街。

地铁站里面有很多地铁商铺，女装店、包包店、饰品店、美甲店（到赤峰路地铁站拍些地铁商铺照片），10 点多大多数的商家已经开门做生意了，但这个时间人流量相对较少，正是谈事的好时机。我们先来到沈阿姨的小女生服装店，沈阿姨 40 出头，人长得漂亮，又很会打扮，看上去最多 35 岁，为人既随和又精明，一看就是个生意人。因为我们经常光顾，所以跟沈阿姨很熟络，开门见山，我们说明来意，并拿出了做好的广告牌进行演示，我又着重强调了一下：“男生有事做了，就不会催促选购衣服的女生了，您说是不是？”

沈阿姨是个精明人，怎会不明白其中的好处，很爽快地答应了。还不忘补充说了一句，你们两个小丫头，开个奶茶店也不容易，就当阿姨帮你们啦。我们连声道谢，走出沈阿姨的服装店，我跟香飘飘相视面笑，对沈阿姨说的话，心照不宣。

是呀，对于这等好事，无成本，又能帮助留住客户，给客户带来小惊喜，自己不用花一分钱，店主实在没有拒绝的理由。

我们又连续走了几家小店，基本都同意摆放广告牌。有些商家对广告牌提出了制作要求，有的希望以 X 展架的形式放在店门口，有的希望尺寸再小点，放在收银台上，有的希望以不干胶的形式贴在店门的玻璃，我们一一记下了店主的要求。回到地铁店，就把相应的制作要求发给了图文制作社的莉莉。已经十二点多了，还不见凉爽爽回来，我们有点着急，不知道她那边的进展如何了。

中午是生意比较好的时间段，周边办公楼的小白领们吃好饭，喜欢到处走走。有两个小妹，其中一个手里拿着手机向我们走来，嘴里还说着，就是这啦，因为我们门前也同样挂着“玩游戏赢大奖”的广告牌。

“老板，第二杯半价是吧？给我两杯经典原味。”

“是的，请出示一下您的二维码。”我用旺财照了一下，验证成功！没想到这么快。香飘飘这时说：“我想知道她们是在哪个店里拍的码，如果我们能统计出，放在哪个地方的码被拍的次数最多，我们也可以有选择地贴码了。”

是呀，飘飘说得有道理，下次再碰到 Jonson 一定要问问，是否可以作这样的统计。

下午两点多，终于把凉爽爽等回来了。凉爽爽一脸的兴奋，跟我们描述着取得食堂老板同意的过程。结果是，同意张贴标签，但有尺寸要求。这个当然没问题，我们立即按食堂老板的要求，找图文制作社的莉莉赶制二维码标签。

内容有了：玩游戏赢大奖。

渠道有了：店铺周边的服装店、餐饮店，办公大楼里的食堂，还有微博、微信。

折腾到晚上 9 点多，微博、微信、需要印刷的广告牌都准备好了，等着明天大干一场。

这时香飘飘好像想起来了什么似的，拿起旺财，查看当天的验证记录，真没想到哦，今天我们总共在地铁店铺放了 5 个广告牌，截止到晚上 8 点，总共有 28 个验证记录，看来每天 50 的数字不是梦啦。辛苦了一天，虽然有点累，但几个小姐妹都很兴奋，我似乎也看到了活动大受欢迎，奶茶大卖的场面。

第二天一早，我们来到莉莉的图文制作社，莉莉早已按我的要求把所有我需要的印刷品做好了，我们拿着东西来到地铁店，按昨天谈好的商家，我跟香飘飘一一把“玩游戏赢大奖”的广告牌送到了地铁商铺里，摆在了合适的位置。凉爽爽拿着厚厚的一沓小标签到办公楼的食堂去了。

一直忙到下午两点，我们才回来地铁店。我们统计了一下，地铁店铺总共 38 家，立有“玩游戏赢大奖”广告牌的有 26 家，等于有 26 个拍码渠道。凉爽爽总共在办公楼食堂的餐桌上贴了 180 个“玩游戏赢大奖”的标签。我们试目以待这次营销活动的效果。

首战告捷

在接下来的几天里，我们统计着“玩游戏赢大奖”活动的验证数量（见图 4-3）。

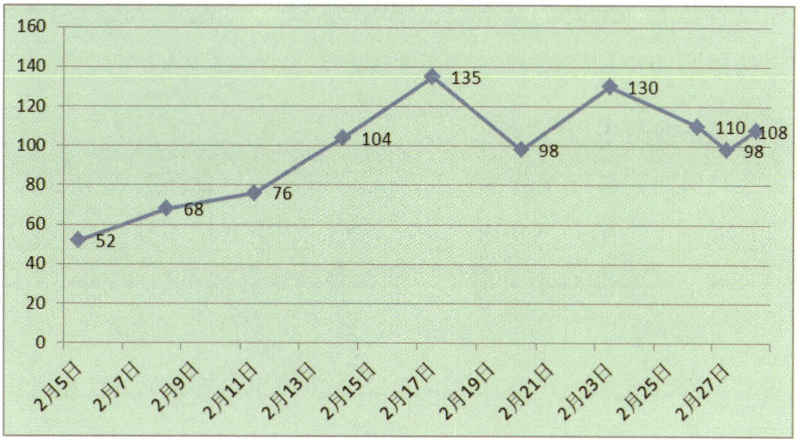

图 4-3　“玩游戏赢大奖”活动的验证数量

我们是在 2 月 5 日完成地铁店附近的贴码工作的。

2 月 5 日当天“玩游戏赢大奖”活动的验证数量就超过了 50，接下来的几天一路小幅攀升但都没有突破 100。

2 月 14 日，突破 100，我才后知后觉地意识到那天是情人节，埋下了节日营销的想法。

2 月 17 日和 2 月 23 日，因为是周末，验证量达到了 130 以上。

破 100 以后，除了周末验证量能达到 130 以上，基本徘徊在 100 上下。

七七的二维码小技巧：怎样的二维码效果好

二维码如果用得好，不仅能够使你策划的营销活动迅速扩散，获得不同凡响的效果，还有助于快速树立品牌形象，提升品牌知名度。使用二维码，掌握使用规则比二维码本身更为重要，现在，就与大家分享一下怎样使用二维码效果才最好。

1. 切忌密密麻麻

二维码与一维条码相比容量更大，达到 1108 字节，方便了用户信息的全面展示，但这并不代表用户在使用时就一定要将 1108 字节全部写满，密度很高的二维码对识读设备要求较高，角度及反光度都会影响扫描的成功概率。

2. 尽量不要放视频

二维码里面能够放视频吗？当然是可以的，但是在广告周边网络环境不佳的情况下，最好不要放视频。首先，网络环境不佳会造成视频读取速度缓慢，一段视频播放完了，消费者的好心情也消耗得差不多了，而且用户如果在没有 Wi-Fi 的环境下扫描了带视频的二维码会产生高额的流量费。对于获取一个商家的信息，需要付出这样的成本，很多消费者是不愿意的。

3. 页面切忌太长

微博的兴起迎来了微时代，博客、电影、小说都变得越来越“微”了，同理可知，WAP 网页也不要絮絮叨叨放太多文字，几张吸引人的图片，清晰的导航按钮，让消费者想看什么点什么，此举不但能增加扫码的好感，而且能帮助企业实现更精准的营销。

第 4 节　月末总结：午餐后的最佳消遣

又是一个月的总结日，大家看着地铁店销量的明显提升，都无比兴奋（见表 4-1）。

表 4-1　玩码第二月的销量数据对比　　　（单位：杯）

分　店	2012 年 12 月	2013 年 1 月（玩码第一月）	2013 年 2 月（玩码第二月）
万达店	3567	3500	3598
淞南店	2980	3000	3120
地铁店	905	1600	2300

香飘飘笑呵呵地说，全靠凉爽爽，把“玩游戏赢大奖”的标签贴到了写字楼的食堂里（见图 4-4）。“玩游戏赢大奖”，聚集了一群铁杆玩家，他们同时拍码进入游戏界面，看谁先过关。获胜者自然会得到一杯奶茶，失败者通常还需要请围观者喝奶茶。这对于我们的奶茶铺来说，真是一个再好不过的引流渠道了。你们看到没有，每当中午午餐后，总会有一群小白领们光顾小店。“玩游戏赢大奖”的标签只是一个入口，后台的游戏内容可以不断地改变，也许你下次拍码进入，游戏已经变了。这样，这张可爱的标签对游戏迷永远保持着一种神秘感，吸引他来拍。

我心里真是美滋滋的，玩码第二月的“玩游戏赢大奖”远远超过我的预期，对我而言是大获全胜。这个月只在地铁店周边开展了“玩游戏赢大奖”，截至 2 月底，地铁店的销售额明显提升。看来我要考虑在其他门店也搞“玩游戏赢大奖”喽。

图 4-4　午餐后的最佳消遣

第 5 章　玩码第三月：从二维码名片到外卖预订

第 1 节　关于店铺选址

地铁店是我开的第二家店铺，记得当时是我跟凉爽爽一起找的。关于选址，以下是我的思路。

第一家店铺，我希望选择在离家近一些的地方，一是对周边环境会比较熟悉，二是离家近照看起来相对比较方便。基于这两点，我选择了淞南店，这家店实际上就在我所住小区的对面。奶茶客以附近居住人群为主，有很多回头客。

第二家店铺，我希望选择在地铁出入口的位置，人流量大的地方，生意不会差。对于地铁店店址的选择，凉爽爽给了我很多意见。

1）店面地面与路面不平的慎选，因为高低不平会影响顾客进店。

2）店面在斜坡上要慎选，因为斜坡影响车辆停放，不利于顾客进店购物。

3）快车道旁开店要慎重，因为路边无法穿过，影响顾客流动。

4）居民稀少的地区开店要慎重。居民稀少的地区流动人口少，加之居民增长慢，没有固定的消费者。

5）门前有障碍物的要慎选。如有的门店前有树木、建筑物等，这些障碍物有可能影响店铺的能见度，进而影响客流。

6）门店宽度相对窄者要慎选，因为门店宽度相对较窄者不易被顾客注意。

7）行人匆匆的地方要慎选，因为在这样的街道上人们不习惯逛街，也很少有人会驻足购物。

8）灯光暗淡的地方要慎选。昏暗的地方影响逛街兴致，同时也说明所处街段并非繁华街区。

这些对我非常有用，我们手里拿着一张上海市地铁线路平面图，经过几轮筛选，初定了十几个地铁站，对于这十几个地铁站，就需要进行较为精细的比对了。对于每个入围的地点，我们基本上都要花掉 2 ~ 3 天的时间进行现场蹲点测算，最终我们锁定在两个地点。凉爽爽选择了一个，我选择了一个，我们出现了不同意见，现在这个地铁店就是凉爽爽看中的，以下是她的理由：

1）人流量大的地方，地铁店位于上海 3 号线东宝兴路站的出口处，人流量可以保证；

2）展示性好的地方，别人容易看到你。这里是出入地铁站的必经之路，只要路过，一定可以看到；

3）尽量接近你的目标顾客，出口对面就是一个办公楼，办公楼里的职员会成为固定消费群体，再加上乘坐地铁的非固定人群。

4）租金承受能力，月租金在 1 ~ 1.2 万之间，在预算范围之内。

我被说服了，最终选择了这个店铺。因为这是凉爽爽选择的地点，从店铺装修开始，这家店基本上就是由凉爽爽来经营了，正式开张后，经营数据证明凉爽爽的选择是对的。很快这家店就给我带来了利润。

出现目前这种状况是谁都没能预见到的，也正因为这个店址是凉爽爽极力推荐的，所以对目前的状况，凉爽爽感到很愧疚很着急。她每天都在想办法挽回损失。我庆幸有这样的合作伙伴。

由于前两个月的玩码，地铁店的销售量终于在条件艰苦的情况上有所增加，凉爽爽很兴奋。从最初的对二维码营销的怀疑，到现在对二维码营销的信任，同时开始更为细致地挖掘二维码的潜力。

第 2 节 Jonson 和麦当劳的二维码营销

有一天我在万达店，中午又跑去麦当劳吃午餐，在那里碰到了 Mark，聊到了麦当劳的二维码营销，聊到了 Jonson。

Mark 告诉我，他跟 Jonson 两年前就认识了，Jonson 所服务的公司是国内最大的二维码公司 e 码，Jonson 是这个领域的专家，最近刚出版一本书叫《O2O：移动互联网时代的商业革命》[⊖]，是国内首部 O2O 著作。这本书主要阐述和解读了传统企业、电子商务企业、与民生相关的企业如何借助 O2O 来重构和改善现有的商业模式，从而顺利在移动互联网时代实现创新与转型。听着觉得有点高深，但我还是决定要买一本来看看。

我问 Mark："你们合作了多年，给我讲讲你们的营销故事好吗？" 于是，Mark 给我讲起了 Jonson 和麦当劳的故事。

"Jonson 所在的公司是在二维码领域或者说是 O2O 领域非常有想法的公司，借用一位互联网知名评论员的话说是堪称行业内的隐形冠军，我们麦当劳是 e 码公司 3000 多家客户中的一个。

雷锋网创始人林军曾经说过，'Internet 连接世界，O2O 连接 Internet 与世界。世界因 Internet 而平等，商业因 O2O 而灵动丰富。' 经过这两年多的二维码营销，我想说，O2O 因二维码而四通八达。这两年来，Jonson 的公司和我们合作了很多的营销活动，最重要的是帮我们实现了一系列的支撑服务。

比如最近有一个麦当劳 '夜亮了' App，这个 App 主要包括麦麦开饭、麦派对、星空分享、我的星范、我的优惠等 5 大块内容。玩家不仅能体验新鲜好玩的游戏，还能收到各种美食优惠券和免费券，简直就是吃货玩家的必备神器。

在这个 App 的游戏中，可以 360 度华丽旋转找星座，眼疾手快抓流星，也可以去麦当劳餐厅参加狂欢麦派对。麦当劳还贴心准备了独家滤

⊖ 张波著，机械工业出版社，2013。

镜，让玩家第一时间晒微博、秀美图。当然每一环游戏都有美食奖励。优惠券、10 万份麦饭卷、甜筒等免费送，整个夜晚不亮都不行！这些优惠券、麦饭券、甜筒等都将通过二维码凭证发送到玩家手机，直接到门店兑换即可。”

麦当劳的玩法让七七我很有感触，感触于在互联网大发展的时代背景下，O2O 商业模式的多样性。无论是像麦当劳这样的国际性大型连锁快餐，还是像我这样的微型连锁奶茶铺，其营销诉求都是相同的，即希望通过各个营销活动、营销手段以实现企业的收益最大化，这个收益不仅仅是指经济上的收入，还有对品牌提升的追求。

听了 Mark 介绍麦当劳的二维码营销，我更加觉得逆水行舟，不进则退，传统行业的运营一定要跟得上适合时代背景的营销手段，否则只能事倍功半，现在更增加了我对那本书的兴趣。《O2O：移动互联网时代的商业革命》，我有点迫不及待地想拿到一本。

第 3 节　Jonson 的沙龙 4：O2O 的碎片化渠道

经过两个多月的二维码营销，凉爽爽对二维码很痴迷，有想法也有困惑。我们对前两个月的营销活动作了一个总结。

第一个月的二维码营销，营销内容是优惠券，传播渠道是微博、微信、海报、主动推送（到店奶茶客主动通过手机号发送优惠券）。

第二个月的二维码营销，营销内容是“玩游戏赢大奖”，传播渠道除了微博、微信、海报，还增加了户外标签。

还是那句话，**传播是一切营销的基础，再好的内容没有传播都是肥皂泡**。

对于地铁店的生意有了起死回生的迹象，凉爽爽发自内心地高兴。前两个月的营销活动其实主要是针对地铁店的问题展开的，经过这两个月的摸索，凉爽爽提出，我们完全可以根据三家店的情况，同时开展各种营销活动，甚至开第四家店——这个当然也是我希望的。

与众不同的名片

这个月的 Jonson 沙龙凉爽爽也要去，她早就将想去听听这位高人是如何说的了。今天，我们午饭前就去了。我们到那里的时候，Jonson 已经在那里了，但他不是一个人，他在和另外一位先生交谈着什么，并且双方互留了名片。我注意到 Jonson 的名片有点与众不同，才想起我们虽然见过几次面，但我还没有他的名片。不一会，那位先生离开了，Jonson 向我们挥了挥手，原来他早就看到我了，我走了过去。

"Hi, Jonson，介绍你认识我的好搭档凉爽爽，我的地铁店主要就是她在负责经营。这两个月，用你的办法，地铁店的销量增长的很快，凉爽爽一直想见识一下你这位高人的庐山真面目。爽爽，你眼前这位就是我们的贵人。"

凉爽爽应该也注意到了 Jonson 与众不同的名片（见图 5-1），马上不失时机地递上自己的名片。

"Jonson，认识你很高兴，这是我的名片。"

Jonson 自然也回赠了一张名片。

"我还没有你的名片呢，也送我一张吧。"我跟 Jonson 已经是老朋友了，所以我毫不客气地提出我的要求。

Jonson 笑了笑，仿佛在说："你们得逞啦，看你们得意的样子！"

我们三个相视笑了笑。

这个名片果然有来头，叫做二维码名片。

二维码名片其实是传统名片 + 个人信息 WAP 页面二维码。这个二维码是由个人的 WAP 页面生成，个人可以在 WAP 页面中编辑个人信息，如姓名、头像、手机、职位、所在公司、个性签名等。编辑完成后，即可生成一个二维码。

扫名片正面的二维码后，可直接将个人信息添加到手机通讯录，同时显示以下页面，看到下面的新浪微博、腾讯微博以及 QQ 的 logo 了吗？单击即可加为好友或者关注。

图 5-1 Jonson 与众不同的名片

对于营销这件事，我们已经入门了，知道一是内容，二是传播。很明显二维码名片是个再好不过的自媒体宣传渠道了。还记得二维码的标签属性吗？随着智能手机的普及，移动互联网的快速发展，商家把网页链接以一个二维码的形式展现出来，消费者通过拍码即可浏览网页。就这一个小小的改变，改变的是“进门”的动作，“进门”的习惯，提高的是“进门”的效率。以前，商家宣传会直接放一个官网地址，但现在如果你还是只放一个官网地址，那就意味着你会失去三分之二的移动互联网客户，所以很多聪明的商家除了放官网地址，还会加上一个二维码，客户拍码即可进入官网。

千万别小看这个码。拍码进入网站，只需要两个运作：一是打开扫码软件，二是取景框对准二维码，等待“嘀”的一声。如果输入网址，在手机上不敲个十几二十下，估计是看不到网页的。就是做这样的改变，至少帮你增加 10% 以上的访客量。

二维码名片，就是作了这样的改变。传统的名片，交换后，即使对方有意保存你的信息，也需要输入你的手机号，做二次编辑；而对于二维码名片，对方只需拿出手机打开扫码软件扫一下，即可将名称信息保存到手机通讯录中。同时，因为二维码名片中编辑了微博、微信信息，对方一键即可关注你，多么物美价廉的自媒体渠道。而且我的名片的背面就是我们“玩游戏赢大奖”活动的入口，又增加了我的标签量，我可以把七七奶茶铺每个成员的个人信息变成传统七七奶茶的渠道。

什么是“碎片化”

各位店长好，今天我们的“O2O 时代下的二维码营销”沙龙的主题是“O2O 的碎片化渠道”。

所谓“碎片化”，原意为完整的东西破碎成诸多碎片。随着自媒体时代的到来，由普通大众经由移动互联网技术与全球知识体系相连之后，一种开始理解普通大众如何提供与分享他们本身事实、他们本身新闻的自媒体途径已经出现，个人微博、个人日志、个人主页等自媒体手段为个体提供信息产生、积累、共享、传播内容兼具私密性和公开性的信息传播方式。目前个体信息传播和获取方式进入了“碎片化”模式，从而导致个体行为出现了“碎片化”，比如读书。

读书是一种完全“非碎片化”的行为模式。阅读需要你持续专注，集中全部精力在书上，因为你在阅读的同时必须进行思考。这个过程需要一个人持续不断地阅读数万字，然后稍微停顿一下，整理思绪，完善脑海中关于这本书的架构，一点点形成整体印象。尤其是对于阅读量足够多的人来说，在阅读的过程中他会不断抽取脑海里的关联书籍进行分析和对比，读一本书相当于在同时翻阅数十本书籍。这种过程对专注度要求极高，思路一旦被打断，就很难回到之前建立起来的阅读氛围之中。

寻找碎片化渠道

O2O 的碎片化渠道，是相对于互联网渠道而讲的，在互联网模式下的电商，其网站是渠道，商品是内容；而到了移动互联网模式，智能手机、3G 网络、手机二维码的电子标签和电子凭证等技术手段，使渠道碎片化了，商品内容可能还在线上淘宝店或线下某实体店，但这些商品内容可以通过大企业采购、小企业采购渠道、社会化网络渠道、线下各种渠道、生活服务类电商渠道等 O2O 的社会化营销进行交易了。

所以各位店长，去你们门店附近寻找你们的碎片化渠道吧，比如你们门店的名片就是一个渠道。

第 4 节 奶茶铺的二维码名片

制作好七七的二维码名片、发名片及向奶茶客介绍我们名片的独特之处成为接下来几天的重点工作。对于每一位来店消费的奶茶客，我们必会向他发一张明片（见图 5-2）。

图 5-2 奶茶铺的二维码名片

我的淞南店周围有很多小区，我们再次化身小广告散播员，把我们的名片塞进周边小区每一家的信箱里。

千万别低估这种传播渠道，两个星期下来，我们发现，七七奶茶铺的微信、微博的粉丝数量呈明显的上升趋势。有了更多的粉丝，我们就可以进行优惠券信息及门店信息的推送，渠道 + 内容的完美组合。而且，这种方式更有利于找到较为精准的顾客，因为只有对奶茶感兴趣的顾客才会关注我的微信。

第 5 节　外卖预订

淞南店不同于万达店跟地铁店，这里的稳定人口比较多，只要质量得到认可，你的商品便会成为顾客一种生活习惯，比如，每天早上买豆浆，每天下午喝杯奶茶等。如果想增加淞南店的销售量，那么增加外卖预订功能，一定能解决想在家里喝奶茶的人们。

外卖预订的具体流程如下：

第一步：消费者在微信里回复关键字。

第二步：收到外卖预订页面的链接。

第三步：进入外卖页面选择奶茶并下单。

第四步：后台查看订单并安排送餐。

第五步：完成送餐。

第 6 节　月末总结：碎片化渠道的惊人效果

二维码名片这一碎片化的传播渠道，让我认识到自媒体精准传播的威力，仅仅通过这一种自媒体传播方式，我的淞南店在 3 月份就做到了相当不错的业绩（见表 5-1 和图 5-3）。

表 5-1　玩码第三月销售数据对比　（单位：杯）

分　店	2012 年 12 月	2013 年 1 月（玩码第一月）	2013 年 2 月（玩码第二月）	2013 年 3 月（玩码第三月）
万达店	3567	3500	3598	3489
淞南店	2980	3000	3120	3690
地铁店	905	1600	2300	2600

图 5-3　碎片化渠道的效果惊人

第 6 章　玩码第四月：开拓 B 端客户

第 1 节　我对变化的理解

经过 4 个多月的施工，地铁口改建工程似乎要接近尾声了，围在地铁店前面的工程架以及那个绿色的网栏在一点一点地退去。这对于我当然是一个非常好的消息，但我并没有特别地欢喜雀跃。因为这 4 个月里，我经历了变化的洗礼，学会了如何适应变化、拥抱变化。

生活并不是笔直通畅的走廊，
让我们轻松自在地在其中旅行。
生活是一座迷宫，
我们时常会陷入迷茫，
在死胡同中搜寻，
但只要我们始终深信不疑，
有一扇门就会向我们打开。
它或许不是我们曾经想到的那一扇门，
但我们最终将会发现，
它是一扇有益之门。

——A. J. · 克朗宁㊀

㊀ A. J. · 克朗宁 (A. J. Cronin, 1896—1981)，英国小说家，著有《卫城记》、《王国之钥》等。

第2节 Jonson的沙龙5：快餐连锁企业的二维码营销

我已经是Jonson的忠实粉丝了，对于Jonson的每次沙龙我绝不会错过。又是一个周三的下午，这次的主要内容是快餐连锁业基于二维码的营销活动，了解一下这些行业大牌们都在玩啥（见图6-1）。

2012年快餐连锁行业前10名的品牌为肯德基、麦当劳、真功夫、德克士、必胜客、丽华、味千拉面、永和大王、马兰拉面和吉野家。

图6-1 Jonson讲快餐连锁企业二维码营销

快餐连锁行业具备O2O天然的应用特点，O2O应用其实是帮助餐饮连锁企业赚钱的业务。餐饮连锁企业的特点表现为：

- 网点密集：以麦当劳为例，全国有1500多家，分布在全国主要的核心商圈，既有利于做全国性的活动，又为消费者凭证创造了便利的条件。

- 物美价廉：百元以内的商品适合于做大企业采购、生活服务类电子商务、社会化营销和社会化采购等。
- 品牌效应：麦当劳等品牌企业在消费者中拥有较高的地位，在营销活动中较受欢迎。

比如，我们将餐饮连锁行业的非门店内的营销渠道，除了传统的团购等生活服务类电商外，还有一些其他渠道，比如其他大企业采购快餐连锁企业的商品。对大企业采购连锁快餐商品而言，可以采用二维码凭证来核销营销，它有以下几个好处：

- 不用预先购买商品，资金占用的风险就不存在了，也不会出现浪费的情况；
- 可以灵活调整顾客不喜欢的商品，宣布“下架”，无须顾忌库存压力；
- 顾客自己领取礼品，省去配送成本，可以给顾客更多回馈，同时不便邮寄的物品（如易碎品）也可以兑换；
- 物流配送方式多样化，很多服务类产品，如麦当劳套餐等，不适合用传统的物流配送完成。

只要是连锁餐饮企业，无论大小，都有 O2O 的诉求：网点多、品牌知名度高的企业可以开展覆盖区域较广、采购规模较大的大型集团采购业务，而我的七七奶茶铺也未尝不可开展小范围、小规模的集采业务。

大型餐饮连锁企业可以加入银行的电子商城或者其他的电子商务网，难道就没有适合我七七奶茶的小型垂直电子商务网站？

七七我手中已有旺财，已经具备实现数字化商品的交易闭环的能力，无论是送礼还是传情，我都有能力实现。

Jonson 的这次沙龙又给我上了一课，使我在如何玩转二维码这件事上又有了新的想法。

第 3 节 与企业的合作模式

地铁店虽未完全恢复到最初的样子，但是已经可以像原来一样，摆放两张小桌、四张小椅，供奶茶客们歇脚、聊天。我又可以坐在旁边倾听来往客人的故事，做一个倾听者，有时是一件很惬意的事情。

小白带来的玩码灵感

小白，女，30 岁左右，地铁店附近办公楼里一家软件公司的 HR 经理，是地铁店的熟客。她跟我地铁店的奶茶妹小青很熟络。最近每到下午 4 点多，她就会光顾地铁店，有时是一个人，有时还要带两个帮手，因为他们要一次性采购 30 甚至 40 杯，作为员工的下午茶。

这次是她自己来的，也比平时来得早，一进门就点了一杯咖啡奶茶，坐在椅子上，一脸的烦闷，很明显她需要一个倾诉的对象，善解人意的小青坐在小白的旁边，用肩膀碰碰她，"怎么了，大小姐？今天来的早嘛，怎么是你一个人呀？"

小白叹了口气："哎，众口难调呀！"又低头自顾自喝了起来。

"怎么了嘛？小青沉不住气了。

小白继续说："是这样的，我们公司是软件开发公司，实行弹性工作制，有些产品研发部门的员工因为工作需要，晚上经常要到七八点才会下班，为了保证员工一天的工作情绪饱满，我们公司把下午 4 点到 5 点之间设为下午茶时间，在这个时间段，员工可以自由活动，休息、喝茶、吃点心都可以。

所以我前段时间会经常过来你这边订下午茶回去，但现在问题来了，每天都要统计员工数量、统一买回去给他们，有时候有人还会埋怨不是他喜欢的口味。有的员工四五点在工作，六七点才想起喝茶，而这个时候的奶茶不是已经放冷了，就是已经放融化了，哎！真是，我们部门本来人手就少，每天还要为下午茶的事情搞得晕头转向，你说烦不啦？"

原来是这样，我听明白了小白的烦心事。小白早就看到我在，但并不避讳我听到她的抱怨，应该是期望我能给她一些建议。

听完小白的抱怨，我马上联想到那个大型连锁餐饮企业的大集采业务，其实这不正是我这个小连锁的集采业务吗？

“小白，我有个办法，说出来给你参考下。”小白马上来了精神。

“反正你们下午是实行弹性工作制的，你让员工自己来选取自己喜欢的口味不行吗？”

小白说：“员工自己选取当然好，可是怎么操作呢？因为是公司福利，我不可能让员工自己付钱，那么，我如何统计数据，如何跟你结算？”

“你把你们员工的手机号告诉我，每周一到周五，我每天按照手机号发给你的员工每人一个二维码电子凭证。”

我边跟小白说，边操作着我手里的旺财，定义了一个“小白公司员工下午茶的活动”，输入小白的手机号后，小白马上收到了一条二维码。

“你的员工只要凭这个二维码即可兑换一款他喜欢的奶茶，这个凭证我们可以定义当天晚上 10 点前有效，过期作废。每到月底我们出具这个活动的验证数据，我跟你们公司按验证量结算。

这个办法，解决了以下几个问题：

1）不需要每天统计员工数据，只要监控好新入职跟离职员工，及时通知我，我在员工列表里新增或者删除；

2）我们之间也不需要日结，省得你天天跑过来付现金；

3）解决了众口难调的问题，员工可以拿着手机凭二维码来兑换他自己喜欢的口味；

4）解决了全买回去，因错过时间喝而浪费的问题；

5）你跟我之间后付费，等于员工消费多少，我们就结算多少，如果员工当天不想吃，没来验证，可以不结算。”

小白听懂了：“太好了，你解决了我的大问题，我回去跟老板讲一下，我们是不是从今天开始就可以这样操作？”

“当然可以，你们公司只需要跟我签订一份采购协议，约定采购单价、结算方式即可。”

图 6-2 跟小白交流二维码兑换奶茶

通过与小白公司的合作，奶茶铺的生意实现了转型，我们的客户不仅仅面向 C 端的个人消费者，还开始与 B 端客户合作，小白的公司就是第一家。

主动出击周边企业

通过与小白公司的合作，我们找到了与企业的合作模式，类似小白公司这样有员工福利需求的，我们又联系了几家，彻底打开了与 B 端合作的商业模式。以下是曾经做过的几个比较常规的与企业合作的营销案例。

1. A 公司的三八妇女节女员工福利

A 公司是一家化妆品销售公司，员工总数 150 人左右，女员工有 100 多人。该公司老板希望在三八妇女节那个给女孩们一个小礼物，于是找到我。一个小小的二维码解决了她的问题，女孩们意外地收到一杯奶茶及一句来自老板的问候，大家都很开心。

2. B 公司的企业知识竞赛有奖竞猜活动

拍码即进入一个回答问题的界面，在规定的时间内正确回答问题即可过关，这个逻辑跟“玩游戏赢大奖”是一致的。过关后，出现一个输入手机号的页面，输入后即可得到一个二维码电子凭证，凭此二维码可免费领取奶茶一杯。

这样的应用举不胜举，到玩码的第四个月，让我真正感受到，没有做不到，只有想不到。二维码不再神秘，它不是代表一种业务的入口，就是代表一种数字化商品的外在表现形式。二维码可以很神秘，它可以是不同业务的入口，或者是五花八门的数字化商品的外在表现形式。

截止到 4 月底，我的销售额已经与去年年底基本持平。

奶茶店也可以玩电子商务

奶茶铺像小白这样的企业客户逐渐多了起来，在一次与 Jonson 的交流中，我跟 Jonson 说了目前奶茶铺的企业客户，Jonson 祝贺我取得了这样的成绩，然后便微笑着看着我。Jonson 这个表情好像是在说："难道你满足于这点成绩了吗？你没想过更好的办法可以做得更好吗？"我迫不及待地催促他："快说，知道你有好的建议。"

"再向你推荐一个好的平台 + 工具，我觉得你的奶茶店也可以玩电子商务了。记得我跟你说的 O2O 开放平台吗？这是我们公司针对目前市场上传统商户想触网，进行线上营销的需求，专门开发的一个资源汇聚平台。简单来说，线下商户可以把自己的商品放到这个平台上，你已经具有了商品数字化的能力，把自己的商品放在 O2O 开放平台上即为商品数字化的过程。"

我说："这不就是上淘宝上开店吗？只不过是开在你们所谓的 O2O 开放平台上。"

"你只说对了一半，这是有点类似于在淘宝上开店，但在淘宝上开店，你是直接对 C 端客户的，而你现在是需要解决 B 端客户的需求。你现在的企业客户来采购你的商品，最重要的原因是可以批量发码，验证领取。在这点上淘宝是不具备的。"

"那我怎么做电子商务呢？"

Jonson 继续说道："O2O 开放平台面对线下商户汇聚了数字化商品之后，并不直接面向 C 端，而是在前端接入了若干个面向 B 端或者 C 端的展示渠道。这些渠道都从 O2O 开放平台上调用商品，企业客户或者个人客户就可以通过这些渠道来采购自己喜欢的商品。说到这，你一定在想，还是跟淘宝一样，在网上买东西嘛。其实有不同的地方，当你采购完商品，这个商品会存到你的礼品仓里，你可时时自行二次分发。说到这你就明白了吧？"

"嗯，"我点了点头，"我现在有很多像小白那样的企业客户，每次采购，他们都是把员工的手机号发给我们，我们来发货。有了这个平台和工具，小白可以自己采购，自己二次分发，对吗？"

"是的，就是这个意思。"

第 4 节　两个小媳妇的对话：从 B 再到 C

小白可以采购 100 份奶茶送给 100 个人，也可以买 1 份奶茶送给一个人。

集体的智慧无穷大，奶茶客们的需求就是我的商机。

下午三四点一般是生意比较冷清的时候。这天下午，两个小妹来到我的奶茶铺，点了两杯坐了下来。听她们交谈，原来是两个新过门的媳妇在讨论如何讨好婆婆。

甲：我婆婆是一家之主，哄她开心可是我的必备功课。

乙：是呀，现在的婆婆，时尚得不得了，没新意的东东根本瞧不上。我婆婆住在淞南新村那边，每天下午三四点要去健身的。我在想，用什么办法给她一个小惊喜，最好是不用花太大成本。

我知道，淞南新村正是我的淞南店所在的位置，如果没猜错，她们说的健身馆应该就是奶茶店旁边的那家。我突然想到，健身之后来杯凉爽爽的奶茶岂不是最爽的事情？我每次去那里跳完操之后，总要到店里喝杯奶茶的。又一想，不知道婆婆级会不会喜欢喝奶茶。

小店空间不大，两个小妹并不介意讲话被我听到，我朝她们笑笑，加入她们的讨论：“你婆婆健身之后，收到你送的一杯奶茶，会感觉如何？”小妹一时没有听明白我的意思，只是点头道：“我婆婆还是很喜欢喝奶茶的。”

“那就好，你刚才说你婆婆每天三四点健身，那 4 点多应该结束了，这时最需要来一杯凉爽爽的奶茶，如果你送一杯给她，岂不合了她的心意？”

“那我怎么送呢？”小妹问。

我打开了礼品站的页面，说：“现在就可以送，你现在在线购买，输入你婆婆的手机号码，她就会收到一个二维码，凭借这个二维码，你婆婆就可以去健身馆旁边的那个奶茶店领取了。你现在就可以试试，已经快到 4 点了。”

小妹有点将信将疑，但还是完成了购买。过了大概20分钟，小妹收到了婆婆的信息："收到，乖。"

第5节 月末总结：七七的企业客户

不要受传统思维模式的禁锢，明代小说家吴承恩在写《西游记》时描写孙悟空一个筋斗翻了十万八千里，那是一个多么美好的想入非非。但时至今日，人类登天都已实现，当年的想入非非是多么地有意义。我的奶茶店不仅可以有个人消费者，也可以有企业客户，企业客户在体量方面相对于个人有明显的优势，我也应该更加"想入非非"，让我的奶茶冲出亚洲，走向世界，哈哈！（见表6-1）

表6-1 玩码第四月的销量数据对比 （单位：杯）

分 店	2012年12月	2013年1月（玩码第一月）	2013年2月（玩码第二月）	2013年3月（玩码第三月）	2013年4月（玩码第四月）
万达店	567	3500	3598	3489	3578
淞南店	2980	3000	3120	3690	3408
地铁店	905	1600	2300	2600	3200

图 6-3　畅想奶茶冲出亚洲，走向世界

第 7 章　玩码第五月：奶茶铺的异业联盟

第 1 节　Jonson 的沙龙 6：谁先改变观念，谁就拥有市场

“在潮流和趋势面前，谁先改变观念，谁就拥有了市场。”

我参加了 Jonson 的第 6 次沙龙，这次沙龙我没有记太多笔记，就记住了这句话，回到地铁店跟香飘飘、凉爽爽一遍遍重复着这句话。

每个人都有多面的人性，看过《谁动了我的奶酪》的朋友，相信对书中那四个小家伙都会印象深刻的。

有时我们的行为像嗅嗅，他能够及早嗅出变化的气息；

或者像匆匆，他能够迅速开始行动；

或者像哼哼，他因为害怕变化而否认和拒绝变化，这会使事情变得更糟；

或者像唧唧，当他认识到变化可以使事情变得更好时，能够及时地调整自己去适应变化。

我现在就应该像唧唧那样，学习改变观念，改变观念。

“沈阿姨难道不能成为我的客户吗？”我嘟哝着。

“凉爽爽，地铁店周边的‘玩游戏赢大奖’的活动还在继续吗？”

“‘玩游戏赢大奖’的活动持续了两个月，我们微博、微信、企业名片这些自媒体营销手段的持续运用效果一直不错，从月销量数据来看，已经达到销量预期了，接下来我们应该更追求利润。”

“你们说沈阿姨难道不能成为我们的客户吗？像沈阿姨这种地铁商铺渠道，在前期我们需要她作为我们营销活动的传播渠道、‘玩游戏赢大奖’的入口。其实，在开展这个活动的同时我们也帮这些商铺留住了客人。目前，我们需要这些地铁商铺帮我们引流的诉求已经不那么强烈了，如果她还需要通过我们的活动帮她留住客人，那沈阿姨们就需要为她们的诉求买单。”

“难道不是吗？”我好像是在问香飘飘、凉爽爽，实际上是在问自己。

其实我心中已经有了答案，关键是如何付诸行动。

第 2 节　有舍才有得

我让香飘飘打印一份地铁店铺“玩游戏赢大奖”的引流数据，想了解消费者是在哪个地铁店铺里参与了活动。数据显示，沈阿姨的服装店确实是引流数据最多的。

从沈阿姨开始

我对香飘飘说：“明天就去跟地铁店的各位店主说，我们的这个活动到期了，要把广告牌取回来。先把沈阿姨这边门牌号为单号店家的广告牌及标签取回来，隔几天再去取双号的。”

如果市场真的有需求，那市场一定会发出声音。

从商家那里撤走广告牌意味着我们少了这些传播渠道、引流的入口，损失是显而易见的。但我就是想用这种方式，让店家真切地感受到这种营销活动对他们店铺的生意是否有影响，影响有多大，是否大到他们愿意花成本来跟我合作。这是一种舍，用舍来换取对市场的了解。

没有三百三，哪来六百六。莲因舍弃牡丹的雍容而圣洁，虹因舍弃磐石的永恒而绚丽，山因舍弃水的灵动而伟岸。王昭君舍弃了锦衣玉食，得到了一时太平与后世赞美；李白舍弃了富贵，而留住了“安能摧眉折腰事权贵，使我不得开心颜”的傲骨……

舍与得之间蕴藏着不同的机会，真正有智慧的人都能够“舍”，而有时不“舍”便会“失”，即使有得，也是得不偿失。

奶茶铺的异业联盟

一个星期过去了，沈阿姨出现在地铁店，买了一杯奶茶，并没有马上走的意思，反而坐了下来。

“七七，你的那个活动不是搞的挺好吗，怎么不继续搞啦？”

“沈阿姨呀，我小店利润薄，那样的活动基本上都是赔本赚吆喝，做一两个月还可以，时间长了，成本太高，搞不下去了，还要谢谢你给我们提供的方便呢。”

沈阿姨是个生意场上的聪明人，没再拐弯抹角，开门见山地说：“七七，你看这样行不？你的活动在我那里继续搞，还用你的奶茶做奖品，从我店里赢的奖品，来你这消费的，我来买单。”

目的达到了，窃喜！

后来，我反思了这件事，实际上并不是我达到了什么目标，而是市场有这些需求，这种方式对各方都是有利可图的，这是最终能够达成共识的基础。沈阿姨因为这个营销活动，留住了客人的脚步，增加了销量，为此她需要承担营销活动的奖品费用。

地铁店陆陆续续又发展了几家周边商铺进行合作，使这种合作逐渐成为奶茶铺的常态业务。

第 3 节　月末总结：利益联盟最可靠

“没有永远的敌人，也没有永远的朋友，只有永远的利益。”

这句话听起来有点残酷，实际上这是一个非常现实的经商理论，有了共同的利益，就会有共同的追求，沈阿姨就是一个很好的例子。

第 4 节　玩码有感

近半年的玩码营销，帮我的奶茶铺走出了经营低谷（见图 7-1）。从 2012 年 11 月，地铁店出现状况，到 12 月的束手无策，盲目跟风，再到偶遇二维码高人，开始玩码。

2013 年 1 月小试牛刀，尝试二维码优惠券；

2 月推出“玩游戏赢大奖”活动；

3 月玩二维码名片，有效利用碎片渠道引流；

4 月开拓企业客户；

5 月寻求异业联盟。

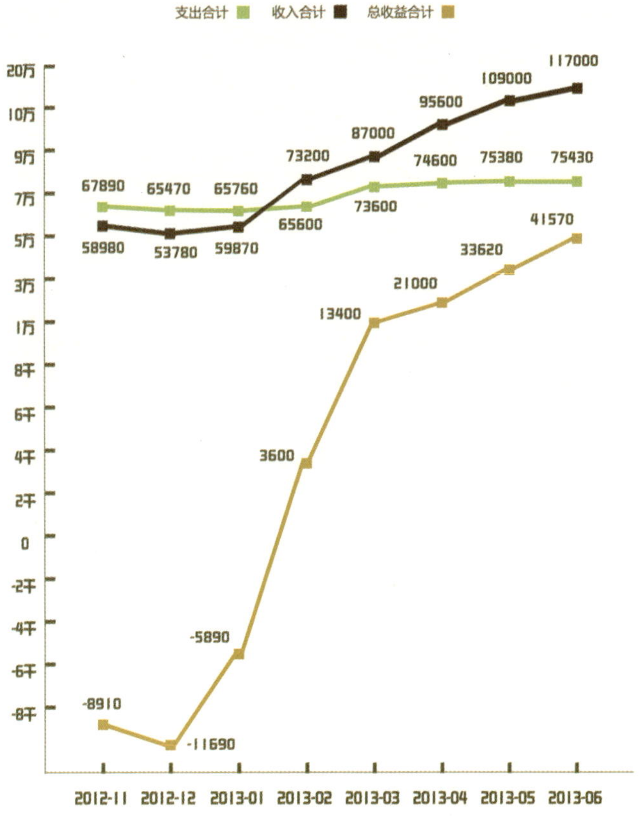

图 7-1　七七奶茶铺经营走势图

图 7-2　玩转二维码

在近半年的玩码经历中，我认识了一大群玩码高手，如 e 码的 Jonson、麦当劳的 Mark、哈根达斯的小 Q、克莉丝汀的 Jan……

定期的二维码营销沙龙，让我不断学习更多的二维码营销方法，也在不断地拓宽自己的思路。

营销不是盲目推销，是将营销逻辑、营销内容通过精准的渠道推送到精准的目标客户面前，并与目标客户保持有效的互动。

定期的二维码营销沙龙，让我不断学会利用二维码来做线上和线下的全渠道营销的方法，利用微博、微信、本地生活论坛做线上的拍码调研抽奖业务，利用线下海报、名片上的二维码做线下引流，利用 e 码公司旺财产品对二维码进行核销，来实现异业联盟等。在二维码营销实战中，不断拓宽自己的经营思路。

二维码全渠道营销，我将继续玩下去！

第三部分

七七的营销笔记

第 8 章　七七的笔记 1：如何选择营销渠道

当网店生意红火之时，实体店不仅客流锐减，而且还要应对一些“线下选、线上买”、只看不买的“打样”族。与百货商场、家电卖场、超市等“抱团”应对不同，更多实体商业中的中小门店显得势单力薄。不过，他们利用自媒体经营好线上的营销阵地，结合线下的体验创新来反击网店。他们的探索或将给迷茫中的同行提供一些思路。

第 1 节　企业就是自媒体

“黄太吉”煎饼果子店就是线下中小门店运用互联网思维获得营销优势的范例。网上说这个餐馆的微博营销做得很好。最好玩的是，老板经常开着奔驰去送煎饼，网友对此津津乐道。

无论是企业微博还是其他社会化媒体形式，都需要一些供大家参与讨论的话题，提供的内容本身要具备可讨论性，这样大家才有兴趣。黄太吉在话题的创意上下足了功夫，时不时抛出一些有创意的话题，引发大家的讨论和围观，什么老板开奔驰送煎饼、美女老板娘、老板是百度技术男等。这些话题本身都带有很好的趣味性，可以迅速在社交网络上扩散，引发网友的讨论。

据说，黄太吉的老板原来是百度的设计高手，其在店面的摆设上，到处都是“别有匠心”，细节之处见功夫。店里的陈设是直接面对消费者的，食客见了好玩的东西，都会第一时间发微博分享。这些“别出心裁”

的摆设成为消费者微博上的好素材，也让消费者无意中成了“商家”的义务宣传员。有这么多“创意”和“分享”元素，黄太吉在微博上迅速走红，就不足为奇了。

而一个煎饼铺里，还提供无线上网服务，乍一听让人匪夷所思。他们之所以这么做，就是想建立一个“分享”的环境和氛围，让大家快速把自己的“用餐体验”分享出去，传递给朋友。

黄太吉不仅用微博，还用大众点评网、微信、QQ、陌陌，几乎所有的社会化媒体形式，他们都在用。特别是跟 LBS 结合的微信、陌陌等即时通信工具可以用来订餐和推送促销信息，非常实用。黄太吉的老板非常了解年轻人的生活方式和互联网。他利用微博这种社会化信息网络，传递口碑、传播信息；用微信等社会化网络进行订餐和客服，横跨多种社会化媒体平台进行营销（见图 8-1）。

图 8-1　黄太吉社会化媒体形式

这几年，由于线上互联网技术的快速发展，企业营销的手段越来越复杂，而品牌传播、产品营销、公关和广告等营销方式重叠在一起，线上营销渠道和线下营销渠道的选择与营销内容的定位又紧密相关，在此背景下，如何营销是所有企业，特别是中小商户非常关心的话题。于是，营销课程泛滥，营销专家泛滥，营销内容泛滥，营销渠道泛滥。

任何社会都和它的信息、媒体共生。工业时代，营销靠媒体，而媒体卖的是注意力的残值。但是在互联网时代，媒体正在抵达特定的渠道和时间被碎片化的人。在这背后，是一切强制相邻关系的解体，所有传统媒体的盈利模型都在崩塌。

目前，营销渠道和营销手段变得如此多样，有搜索营销、在线合作、网络广告、线上公关、CRM 营销和病毒营销等（见图 8-2）。

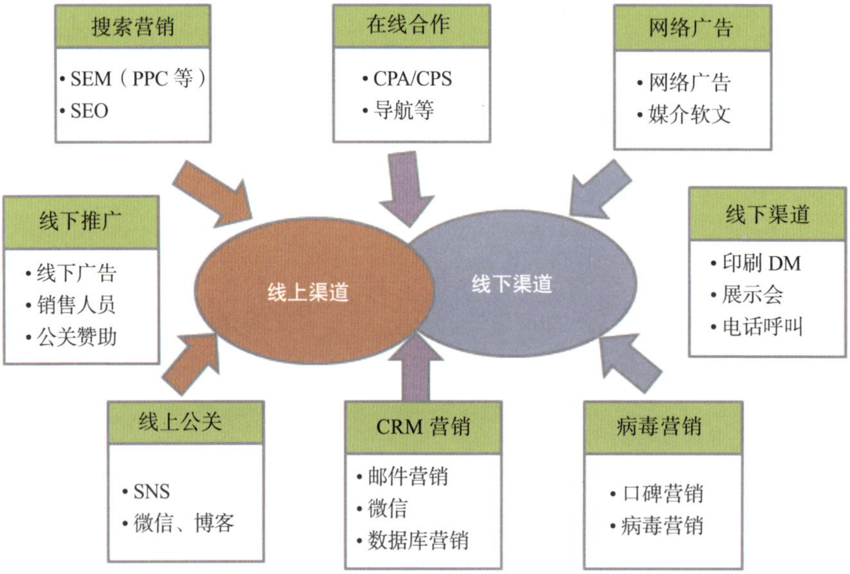

图 8-2 营销渠道和营销手段

这么多营销渠道，作为一个线下门店如何来利用？在移动互联网时代，以前稳定的营销渠道正逐渐丧失，怎么办？做企业自己的媒体。自媒体人罗振宇提出：未来没有什么不是媒体，也没有什么不是广告。一切产业皆媒体，一切内容皆广告。

未来，媒体和产品之间的界线会非常模糊，也就是说，随着企业自媒体渠道的随手可得，营销和内容变得越来越模糊了。那么，线下中小门店应该如何去做自己的自媒体呢？让我们看看目前企业认可的两个自媒体渠道——微博和微信。

第 2 节　微博营销的没落

2012 年年底，单纯依靠大号转发的微博营销方式逐渐失宠，“大号一转，黄金万两”的时代成为过去。企业微博营销开始没落，对企业微博发广告、造假粉丝的指责声纷纷出现，有的企业甚至发出一种声音：微博营销没作用。

问题出现在哪里呢？营销的趋势是精准性、互动性和社会化，微博适合社会化的特点，但精准性和互动性不足，微博成也大号，败也大号。草根大号狂飙发展的微博成为媒体属性，而媒体属性是阻碍营销未来趋势的。营销的趋势一定是抛弃传统广告的营销模式，而媒体最有价值的恰恰是广告特性，在移动互联网时代，随着消费者更具智慧和更冲动的消费模式的出现，广告特性，哪怕是大号转发中的广告特性，都将在营销的未来趋势中被人抛弃。

客观来讲，在营销效果越来越追求精准化的今天，大号转发是一种没有技术含量的粗野营销方式。很多大号（如笑话类）都是全受众型账号，很难对它的粉丝特征（如年龄、性别、收入等）进行归类，这样很难对营销效果进行预判。相比之下，某些细分领域（如女性时尚、奢侈品等）的微博账号粉丝特征明显，更容易做到广告的精准投放。

在微博用户爆发式增长之后，新浪对微博大号的态度由鼓励转入管制。2012 年 3 月，新浪对微博进行“扫粉”（移除僵尸粉），据称草根大号的“掉粉”率基本在 10% 以上。2012 年 5 月，冷笑话精选、微博搞笑排行榜等账号被新浪禁言，原因是内容抄袭。这些内容型账号长期大量发布微博，内容创造能力严重下滑，优势难以为继。回过头来看，微博大号的价值当初的确被夸大，它缺乏可持续的核心竞争力。

另外，微博营销分不同的方式，主要分为运营模式、策划模式及数据模式。

（1）运营模式

企业主要用来在微博上进行品牌运营、重大消息发布以及危机公关处理，与企业的业务（产品）营销越来越脱节。

（2）策划模式

恰恰是事件营销，如我们熟知的凡客体、杜蕾斯、海底捞、美图秀秀等都是成功的企业微博事件营销案例，即使看似无任何商业目的“杜甫很忙”事件，也是为提升微博活跃度而策划的。但是策划模式本身很难有持续性，因为不确定性因素太多。

首先，微博上信息过载，导致人群注意力分散，舆论热点容易转移，今天的热点到了明天也许就无人问津；其次，微博用户的警惕性在提高，事件营销被过度使用，获得他们的注意力和参与度越来越难，一旦用户发现自己被营销，他们对该事件就会产生排斥心理；再次，事件营销的根本在于产品的好坏，一个成功的事件营销是基于产品本身的，假定场景帮助企业模拟出必用客户，将卖点传播出去，而非生生将事件造出来。因此，通过策划做微博营销的难度在加大。

（3）数据模式

数据模式指通过分析企业官方微博的粉丝组成和特征，以数据为基础帮助企业作出营销规划。这种方法看似科学，却被泛滥的假粉丝所毁。营销公司为实现客户的加粉目标，往往用假粉、僵尸粉充数，这几乎已成行业潜规则，有些企业的官方微博假粉比例甚至达到 50%。官方微博有效粉丝大幅减少，数据技术分析也很难做到准确，数据模式似乎难以发挥作用，因为数据模式要成功最基本的条件是数据采集点（粉丝）的准确。

因此，目前是告别微博营销的阶段，微博只是一个媒介通路，其实和电视营销、报纸营销一样，微博营销仅仅是移动互联网时代下企业整个社会化营销中的一环，它跟企业的传统营销融合在一起，而不是单独的东西。

微博营销没落的实质在于，微博本身是一对多的信息实时传播工具，利用其进行的营销是社会化的广告模式，其精确性和互动性是不足的。

第 3 节　微信营销的无奈

微博营销没落，微信营销开始被企业点燃，很多商户都在谈微信营销，期间也举出很多的“成功案例”。仔细阅览这些“成功案例”，不难发觉，其中所说的微信营销实质意义都是怎么吸引粉丝，而后怎么推送广告等。所说的非常奇妙的营销，居然只是吸引会员和资讯推送，或者再加个客服沟通。

我们在第 2 章中已经介绍过，微信的核心是通信，用户会很自然地在公众账号上进行一些业务咨询或者信息搜索，公众账号可以作为一个 CRM 平台，用户和企业可以非常方便地在上面进行沟通，且沟通方便、安全、私密，信息真实，形式多样，并且这种沟通产生的数据是可以收集和积累用以分析的。

微信从来就不是营销工具，或者说微信一直在避免成为营销工具。戴志康的微生活会员卡想利用微信成为 O2O 闭环也将不可能，微信走向第三方的真开放、不涉及业务属性是不二选择，从微信官方取消一键关注、一键转发，到封杀垃圾广告、严禁互推的举措，可以很清楚看到，微信不想成为第二个微博！ 2013 年 6 月 5 日，腾讯微信产品总监曾鸣与媒体沟通，首次公开解读微信公众平台的定位与发展问题。其中明确提出了反对营销的说法，并表示下一步要开始治理泛滥的微信消息推送。在微信到底可以干什么的问题上，曾鸣提出三条：互动沟通，用户管理，服务定制。

相比营销，其实微信更适合体验，企业的客服保障、产品体验等功能恰恰是企业微信最适合且容易实施的功能，因为微信的目标是打造一个良好的生态环境，而这个生态环境的基础就是庞大、健康、活跃的用户群！

但是，正是微信营销被大众关注和宣传，带动了二维码营销的崛起。消费者关注企业微信一般都是通过微信的“扫一扫”功能（这个功能在微信 5.0 版成为了一级菜单目录，而且可以扫的内容更多），这就让消费者和企业对二维码有了直观理解，为企业二维码营销的普及带来了可能。

第 4 节　企业新的营销手段：二维码全渠道营销

企业营销的趋势在于社会化、互动性和精确性，社会化营销应该出现在自媒体渠道上，除了微信、微博，还有什么是企业的自媒体渠道？先回到自媒体的定义上。自媒体是指为个体提供信息生产、积累、共享、传播内容兼具私密性和公开性的信息传播方式。自媒体有别于由专业媒体机构主导的信息传播，它是由普通大众主导的信息传播活动，由传统的“点到面”的传播转化为“点到点”的一种对等的传播概念。

企业有没有可能建设自己的自媒体呢？这样的自媒体才是最能体现消费者互动的，它完全由消费者发起，没有企业主动发送的任何营销信息，让消费者随时随地想起你时就能了解你的最新营销信息，并主动与你互动。

这样的营销方式是什么，通过什么渠道发布，营销效果如何统计，营销数据和营运数据如何无缝结合？

这就是二维码营销思考的问题，二维码如何和企业的自媒体渠道结合，除了微信、微博，企业还在利用哪些渠道与二维码结合，快速进行营销活动？企业最容易把握的渠道有企业的产品包装、企业的产品说明书、企业卡片和企业名片、你放在门店门口的海报、你为消费者提供服务体验的门店场所等，这些渠道都是二维码营销的主要渠道。

比如，你开了一个中餐厅，在餐厅桌位上放一个二维码标签，可以让消费者在等待上餐的时间里参与餐厅提供的活动，进行游戏抽奖，推送该桌位没有点的特价菜作为奖品，也可以通过该二维码标签，让消费者了解所点美食的文化知识或者该美食的制作过程。这种利用碎片化的时间，让消费者在享受美食的同时又能了解美食的内涵的方式，是与消费者互动、提升消费者幸福感的营销方式。

比如，你开了一个鲜花店，在花盒上印上你的二维码企业名片，让用户扫描后把你加入手机通讯录，他再想订花的时候，打开通讯录，单击通讯录中你企业名片的 URL 首页，进入你的营销 WAP 首页，选择最新活动来订花，这样既隐私，又让消费者感觉完全由他发起，而你又能采集到消费者的数据。

大数据时代的企业营销既需要采集到消费者的行为数据，又要在这个由消费者掌控的营销时代让消费者主动发起互动，这就需要双方数据互动的介质，二维码无疑就是这个最好的互动介质。

二维码只是 O2O 时代的一个便捷营销入口，二维码本身所占据的互动时间只有 1 ~ 2 秒，真正的主角是它所能带出的营销内容。而目前的二维码营销内容其实非常粗糙和简单，从商户到消费者，他们对营销内容的需求大多数还只停留在简单的优惠券和拍码阅读上。

未来两年，建立在二维码基础上的营销内容将是线下实体商户越来越重要的突破口。例如，有不少线下商户在使用二维码凭证的能力（也就是商品订单核销功能），并在团购券验证、代金券核销、二维码抽奖等方面实现了一定的突破。二维码作为快速获取信息的方式，在商品订单核销时通过智能手机或专业硬件能够快速判断订单（会员）信息，并为整个企业管理提供数据。该使用方式类似于超市购物的结算流程，收银员只需要用扫码机扫一下商品上的条码，便即刻能知道商品的名称和价格。与条码比较，二维码可以存储更多的信息，也可以很方便地发送到手机或其他载体。

另外一个潜藏的商业价值宝藏在于对消费者数据的分析与挖掘。用户所扫描的二维码就代表着用户部分的线下习惯，在一次扫描过程中，可以获得时间、位置、内容、手机型号等相关数据。当一个二维码扫描后台数据库可以每天获取几十万甚至上百万条这样的信息时，这些数据长期积累后必将可以延伸出非常有意义的行为分析报告甚至商业模式。而在移动互联网时代，通过二维码可以掌握线下的入口和去向。

例如，发现某消费者每个月的扫码记录中有 80% 是在获取美食信息，就可以通过后台向该手机用户推送美食相关的资讯或服务。通过学习数据而进行推广营销的模式在电子商务等行业早有先例，而二维码将加速数据的积累和模式探索。

目前受到关注的线下线上互动技术中，主要是5个互动技术，分别是：AR（增强现实）、3D影像、NFC（近端通信）、GPS地图（含街景）和二维码。其中前三个互动技术的终端硬件能力和整个环境都还不够成熟，无法大规模商用。未来五年内，能大规模商用的应该是GPS地图和二维码技术。而二维码由于成本低，应用方式广泛而多样，未来三年会是其全盛时期，即便未来其他互动技术成熟起来，二维码凭借成本低廉、多屏输出的优势，也会在互动技术中占一席之地。

手机端的NFC、AR和3D图像识别等互动技术和二维码一样，都充分利用了手机的某些特性，但实现难度上和二维码有不少差异。

我们可以作一下对比分析。NFC的优点是速度快、数据传输安全，但手机端和被读端都需要有芯片，这使得NFC普及变慢而且成本不低，最大的问题在于NFC本质是物物交互，不是人际交互的营销模式。

AR技术应用有谷歌眼镜（视觉）、苹果Siri（声音），它可以通过图标或声音在实际的影像中添加信息，帮助用户更好地了解眼前的世界。AR体验的新奇之处在于，无须在实际物体上添加芯片之类的东西就可以识别，但缺点是技术实现难度较大，AR服务提供方需要收集、整理和云端分析大量数据。

还有一种O2O互动入口是3D图像识别，手机拍下实物后通过程序进行实时识别，然后提供相应的信息。当当网手机版在2011年就推出了拍图书封面进行自动识别的功能，准确率非常之高，可以很快提供该书在当当网的售价，继而引导消费者进行购买。不过，图像识别技术实现难度极大，也需要服务提供方收集、整理和分析大量数据。

二维码和这些入口相比的特点就是成本极低，生成和扫码软件全部是开源免费的，可用载体也非常丰富，它可以在纸张、服装、电视、产品外包装、企业名片等几乎所有的线下载体上使用。同时，二维码容错率很高，即使被部分损坏依然可以准确无误保留全部内容。

O2O 商业模式必须有一个前提，即要有一种通用、简单的方式让信息快速从线下或线上传播到消费者的手机。通过 App 方式固然可以实现，但消费者通常只会在手机上安装几款常用的 App，商家的个性化服务以及消费者的实时性需求很难满足。于是，更多的内容还是将以 WAP 网页的形式来被手机浏览器访问。

相比之下，二维码就变成了一座最理想的桥梁。它可以将任何网址包含在内，手机拍二维码就可以在瞬间获得网址并访问移动互联网。这种操作方式充分使用了手机的摄像功能，让信息获取在手机上有了完全不同的解读，也为手机上网提供了极大的便利。

总之，必须清楚地认识到二维码的优势在于能够方便、简单、精准地连接或获取信息，而其技术又非常廉价。中小企业完全可以围绕这一基因特点，开展属于自己的二维码营销，来快速拥抱移动互联网时代，在营销中结合其他线上和线下的服务，形成一个完整的商业模式（交易和体验），这就是企业二维码全渠道营销崛起的必然之路。

第 9 章　七七的笔记 2：如何使用二维码

O2O 是线上数字世界和线下物理世界互动的一种新型商业模式，很多人谈 O2O，只谈线上如何做，或者线下如何做。其实 O2O 的驱动点既不在线上，也不在线下，而在于线上线下的互动。

第 1 节　用二维码去引流和核销

如果你在线上有电商网店，在线下也有实体店，但二者是独立运营，独立考核，那么你的 O2O 还没开始！如果你希望通过移动购物来切入 O2O，建议你不要做了，这是淘宝、腾讯微信、电信运营商、银行等的时代。

O2O 对于线下企业来讲，要么从营销引流入手，要么从体验入手，千万别从销售入手（见图 9-1）！

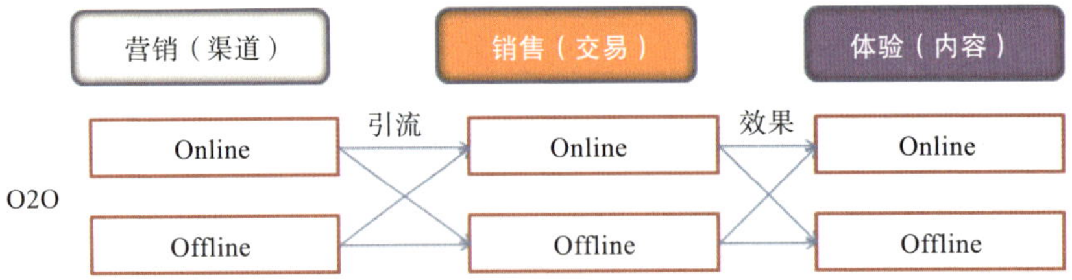

图 9-1　用二维码去引流和核销

为什么不能从销售入手？因为销售本质就是交易，交易由商品上架、商品交易和商品配送组成，而这已经被线上电商巨头（淘宝、京东）、线下零售巨头（沃尔玛、苏宁）以及运营商和银行占领了，他们还会在未来 3 年内很快将形成基础能力开放给小的企业。

第 2 节　二维码全渠道营销

我们来谈谈 O2O 时代的二维码全渠道营销。谈营销就免不了谈传播，因为传播是一切营销的基础，再好的内容没有传播都是肥皂泡。我们在传播中要注意三点：有价值的内容，立体、丰富的渠道，以及传播途径的引爆节点。

有价值的内容主要在于商品本身的功能价值、情感策划出来的价值以及强需求的功能价值，而立体丰富的渠道（见图 9-2）目前主要体现在三个层面：

- 线下渠道（报纸、杂志、电视、电台、户外广告、楼宇屏幕等）；
- 线下渠道（门户网站、SNS 网站、微博自媒体、电商网站、团购网站等）；
- 群发渠道（短信、小区短信、电子邮件、苹果公司的 iMessage 等）。

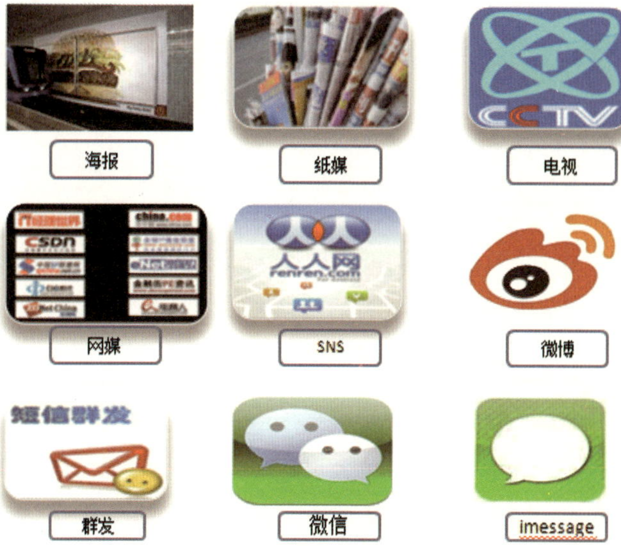

图 9-2　立体丰富的渠道

当前立体的传播渠道中，很难有一个渠道能够占领营销的主战场，目前线下传统媒体正在解构中，所以线下渠道的效果在下降，但其公信力仍在，从某种意义来讲，同样在线下媒体与线上媒体做广告，消费者会感觉线下媒体的公信力相对比较强。

对于线上互联网媒体，在互联网 2.0 时代，广告还是互联网产业最重要的收入来源，但也发生了很多细微的变化：由于用户与互联网本身的互动加强，门户网站不再是互联网的唯一入口，互联网内容的广度增大、深度细分，为用户提供了更多选择，因此，广告主更多关注到各个网站的用户群体与自身客户群体的关系问题。在搜索引擎和流量统计分析的帮助下，广告主可以找到与自身客户定位相似的网站，从而追踪控制广告投放效果，互联网广告由粗放时代进入精细化时代。

如今，移动互联网方兴未艾，很多人把它视为互联网在移动终端上的延伸，在移动互联网兴起之初如此看待还说得过去，但在两三年后的今天，再将移动互联网看作互联网的延伸，已经不合时宜了。

我们常说移动互联网与互联网的最大不同在于其终端化、个性化和碎片化，其实这三化就是“私有化”：展现移动互联网的终端（如手机、平板电脑等）已属于私人用品，与广播、电视、报刊和互联网相比已经没有任何公共属性可言；人们在移动互联网上的需求也就完全是个人式的，对于自己不感兴趣的内容，根本不会容忍其出现在自己的手机上；而碎片化一般是指使用时间的不连续性，则更是“私有的”，你想都是碎片化时间了，还不是自己的吗？

随着移动互联网带来的“私有化”，营销从单向传播方式向互动传播方式演进，从以营销渠道为中心的模式向以消费者为中心的模式演进，这个变化是 O2O 商业模式的主要动力。

2013 年中国的网购估计能到 1.5 万亿到 2 万亿的规模，而目前线上营销引流费按照 15% 计算，就有 2000 亿到 3000 亿的规模。随着线上流量红利的结束，线上流量费越来越贵。区域性本地小连锁乃至单店的企业可以去本地生活网站开店，也可以去天猫、京东开店，但是通过传统电商模式在线上引流的路越来越窄，而移动互联网是线下线上互动最方便的技术，所以最好是去线下向线上门店引流（见图 9-3）。

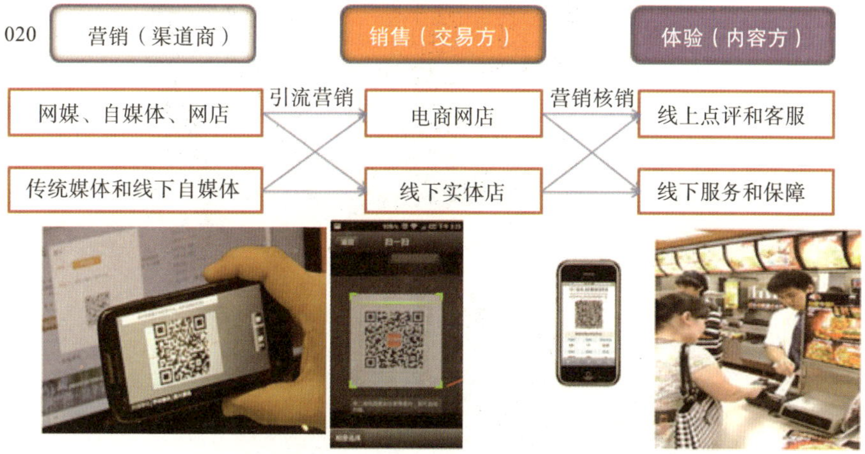

二维码电子标签　　二维码电子凭证

图 9-3　利用二维码做全渠道营销引流

二维码成本极低、容错率很强，区域性本地小连锁乃至单店的企业，完全可以利用二维码技术实现线下到线上的营销引流，以及线上到线下的引流核销，使营销按照效果进行付费，改变传统单向广告付费的方式。

第 3 节　很多企业不会使用二维码

现在很多人对二维码应用非常轻视，因为它简单、低成本，给人感觉技术含量不高，所以经常听到二维码技术落后论。其实，技术的关键在于使用，而很多企业对二维码的应用还比较浅薄，甚至可以说不会使用二维码。

不会使用二维码的例子有很多，下面列举几个典型案例。

案例 1：二维码位置太高或者太低（见图 9-4）。

案例 2：二维码之间距离很近（见图 9-5）。

图 9-4　二维码位置太高或者太低

图 9-5　二维码之间距离很近

可能是因为海报资源不容易抢到，所以恨不得把很多信息放入海报中，其实现在已经是信息泛滥的时代，你放的信息越多用户越反感，这两个二维码贴得如此近，还不如去掉一个，不然两个都容易拍错。

案例 3：二维码材质不对。

图 9-6 是微信的一个活动，LED 大屏幕像素精度不够，导致二维码拍码成功率相当低。

图 9-6　LED 大屏幕像素精度不够

图 9-7 是坐地铁时看到的一个海报，海报材质就使二维码很模糊，导致识别很有难度。

图 9-7　海报材质使二维码很模糊

案例 4：二维码应用场景不对

图 9-8 是某知名楼宇传媒公司产品“Q 卡”的，二维码最后这个产品失败了（出现的时候，我就预言它会失败，因为它是一个用户体验很差的产品）。该产品推出时在他们自己的电梯屏幕渠道传播，显示的二维码是广告播放方式，而在动态播放中，用户肯定是很难用手机识别到的，这个二维码传播基本就废了。

图 9-8　广告播放方式的二维码

图 9-9 是在地铁窗户外看到的二维码，人在高速运行的地铁中拿出手机拍二维码，也是很难识别到的。同理，在高速公路旁的户外广告上，在公交车的车身上，二维码其实就是一个摆设，因为它不符合识别场景。

以上仅仅是没有从使用场景上去理解用户用手机识别二维码的体验，如果在实战中精细一点，是可以提高的。

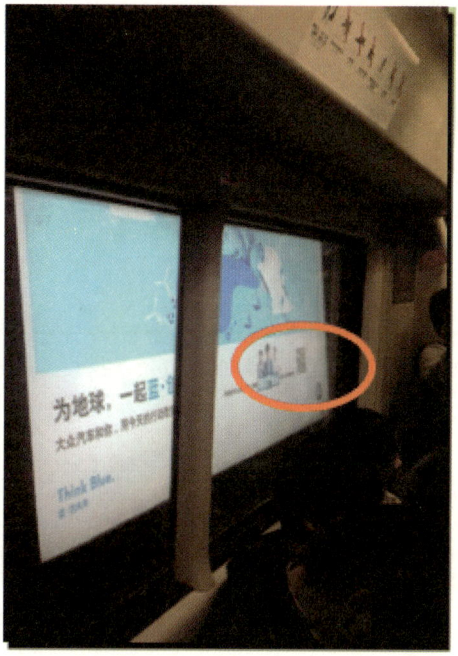

图 9-9　地铁窗户外的二维码

第 4 节　把二维码看成渠道而不是内容

目前企业对二维码有一个固化思维，即把二维码看成内容，而不是看成渠道。这导致他们真的不会使用二维码，因此，这个对区域性本地小连锁乃至单店的企业非常关键，大企业使用二维码做营销可以粗犷乃至做成摆设，而小企业使用二维码做营销一定要精细。

“二维码是移动互联网的入口”，此话不无道理，既然是入口，二维码的用途一定是渠道，而不是内容。

很多企业在线下海报、宣传单、商品包装上放二维码，仅仅是因为线下的宣传内容量（营销活动介绍、产品介绍等）太少，所以编一个二维码，让用户通过手机了解他们在线下宣传的内容的更多信息。如果有这样的思维，你就永远不会使用二维码。

把二维码看成渠道，不要看成内容，这在技术上很简单，先编出一个渠道二维码贴到不同的营销渠道去，然后对不同营销内容的 URL 在实战中再绑定该渠道的二维码实现跳转。只有这样，平时被你忽视的那些宣传单、名片、餐桌、海报、商品包装、信封、请帖、明信片、产品说明书、门店位置等，才会成为你的自媒体营销渠道。

拍码重要吗？其实不重要，拍码是为了离开，就像入口只是为了进门一样，重要的是后台的内容是否吸引用户。第 1 次拍码后，用户可以把二维码渠道存到手机通讯录、存到手机屏幕上，或者存到手机浏览器的书签中，这样，第 2 次无须拍码就可以直接在手机上找出来玩。所以，入口形式不重要（手机浏览器时代已经不可能出现了），入口的信息和手机融合，让用户自然使用，变得更重要了。

为了佐证“把二维码看成渠道而不是内容”的正确性，我们设计了一个二维码营销互动业务：“玩游戏赢大奖”。这个业务本质上有 3 个特点。

“玩游戏赢大奖”首先是一个二维码标签（见图 9-10）。吸引用户利用手机拍“玩游戏赢大奖”的标签，然后使用户对该游戏和奖品产生兴趣，并存入手机名片或者手机屏幕，玩小游戏和抽奖。

“玩游戏赢大奖”是一个商户自媒体二维码互动营销渠道。商户可以将“玩游戏赢大奖”的标签贴在海报、桌子、企业名片，产品包装上，让用户在玩游戏中看到商户的标识和广告，商户可以统计出有多少用户使用了自己的“玩游戏赢大奖”二维码标签。

“玩游戏赢大奖”是二维码互动营销的 O2O 闭环业务。商户 A 可以将自己的营销活动（实物券、代金券）作为奖品放入“玩游戏赢大奖”的奖品池，用户在通过该标签玩游戏后，进行抽奖，原则上优先送商户 A 本地 3 公里范围内的奖品（比如商户 B 奖品），其次送本地城市的奖品，最后送全国性奖品。所有奖品用二维码等电子凭证手段发送到用户手机，当用户去商家 B 处领取奖品时，商户 B 通过二维码验证设备实现核销，并在后台统计出来自哪个渠道的营销引流，并给该渠道（商户 A）

支付引流费，从而利用二维码互动营销实现 O2O 闭环。

图 9-10　玩游戏赢大奖

把“玩游戏赢大奖”的二维码贴到自己能够控制的自媒体营销渠道上，然后引导用户拍码后存入手机通讯录或者保存到主屏幕上去（见图 9-11）。

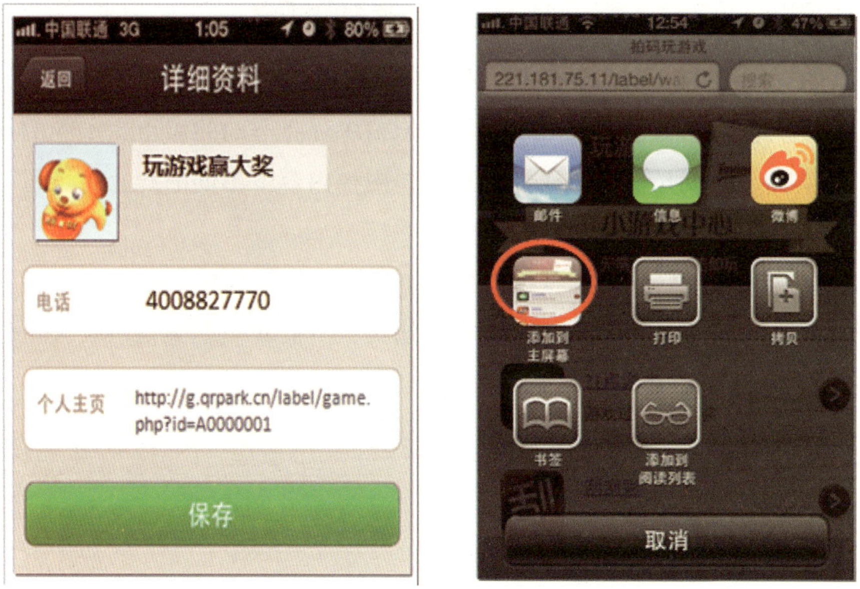

图 9-11　引导用户拍码后进行保存

用户拍码后进入游戏页面，玩简单游戏后获得奖品，奖品和游戏显示位都可以为商户进行营销引流（见图 9-12）。

图 9-12　用户拍码后进入游戏页面

每个渠道“玩游戏赢大奖”的二维码 ID 都不同，当用户拍码存到手机后，其实一直是用该渠道 ID 在引流，ID 对应不同的城市、不同的商户和奖品。这就是把二维码看成渠道，同样内容下不同的碎片化渠道引流的一个业务。

这只是利用二维码标签做营销引流入口，还需要用二维码凭证做营销核销，这样才是二维码互动营销的闭环，下面我们就来讲讲从入口到核销如何做。

第 5 节　手把手教你二维码全渠道营销：从创建营销到核销营销

从用户的视角来看，先拍码，然后进行业务操作，拿到营销的商品，去商户进行消费，整个环节结束。但对商户而言，第一个动作是创建营销活动，第二个动作是将营销活动绑定不同的业务场景，第三个动作是将业务场景绑定到不同的自媒体渠道，包括二维码渠道。

如果可以拓展，其他的自媒体大号可以选择商户发布的不同业务场景，在碎片化渠道中进行矩阵互推，因为最后一个动作是用户拿着营销活动内容（代金券、实物券、优惠券、会员卡等）来商户处消费，利用二维码凭证的营销核销机制，就可以定位来自不同的二维码渠道的引流，从而完成营销互动引流费的分配。

这就是从创建营销到核销营销的基本原则，下面我们以二维码营销平台旺财来举例，手把手教你进行二维码营销的操作。

旺财的二维码营销功能

旺财是 e 码公司推出的针对本地小连锁乃至单店的一个二维码营销平台，它为商家快速创建二维码营销活动，将营销活动多渠道发布，并对营销效果进行统计管理（见图 9-13）。

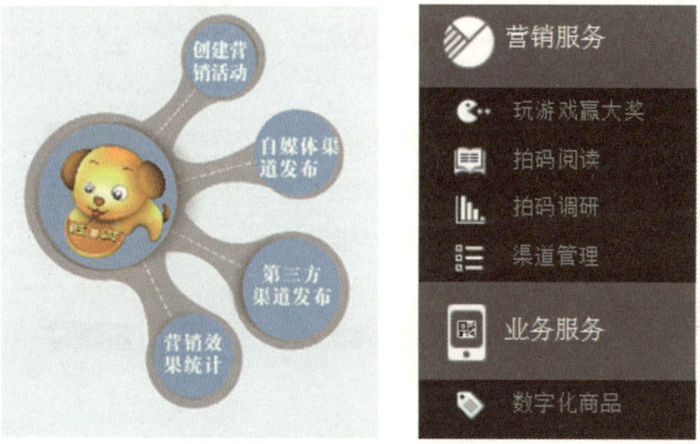

图 9-13　旺财的二维码营销功能

旺财的二维码营销服务功能包括：

1）玩游戏赢大奖（免费应用）。

2）拍码阅读。商户可以根据自己的业务形态创建符合自己的拍码阅读活动，如餐饮行业可以创建“拍码读菜谱，拍码读门店地址”。商户同时可以为拍码阅读营销活动绑定奖品，消费者拍完码之后可以参与抽奖，这样可以增强商户与用户之间的互动。

3）拍码调研。商户可以通过拍码调研活动来采集用户信息，比如在餐饮行业，通过“服务质量调研”，商户可以采集消费者的电话、性别、提出的消费意见等。

4）渠道管理。旺财二维码营销平台的客户可以统一管理自己的可用渠道。可新增或编辑渠道，如选择渠道类型，输入渠道名称，也可以为渠道建立地址标示，如“江苏南京潮流杂志”。可查看该渠道自创建之日起，产生的访问总量。渠道类型包括互联网渠道、线下门店、平面媒体、电视媒体等。

1. 创建营销活动

客户可根据自身需求，新建各种营销活动（除玩游戏赢大奖外），如图 9-14 所示。

图 9-14 各种营销活动

2. 传播营销活动

客户可根据自身需求，将营销活动传播至各个渠道（渠道管理里的渠道）。

- 渠道自定义，商户在旺财上自定义自己的自营销渠道。
- 旺财将会为商户天然打通新浪微博、腾讯微博线上渠道，接下来也将会打通微信等其他的线上渠道，让商户可以一键把营销活动发布到这些渠道上。

3. 营销效果统计

客户可按活动分渠道查看营销效果，如访问量、发码量等。

旺财会用饼状图、柱状图、Excel 表来总体显示不同活动、不同渠道的访问量、发码量，如图 9-15 所示。商户可以对渠道的效果一目了然，为自己的渠道投放提供数据支持。

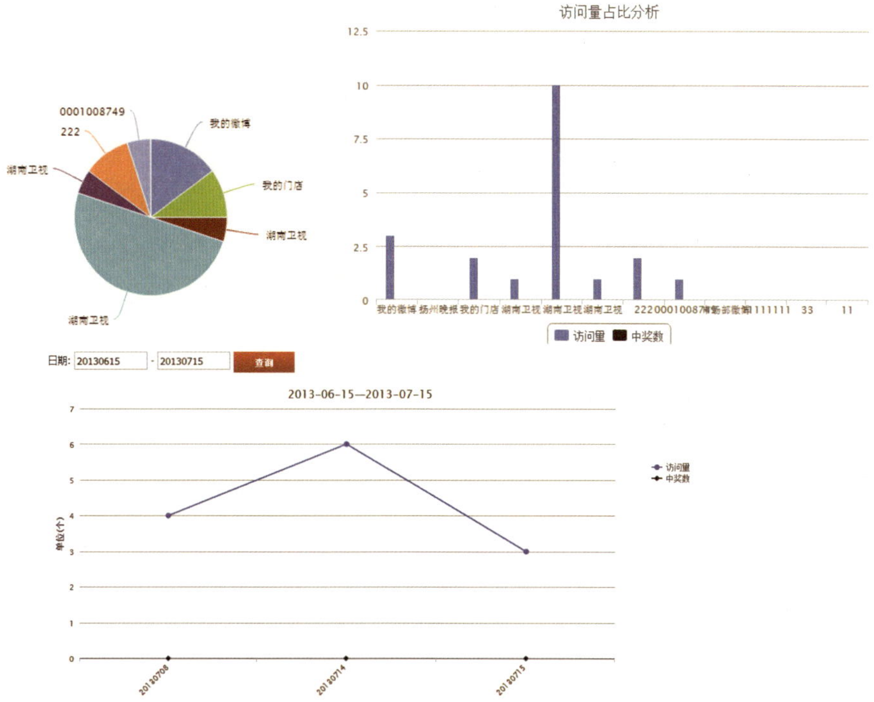

图 9-15　不同活动、不同渠道的访问量、发码量

旺财同时提供渠道下活动的详细访问量与发码量，即商户每时每刻都可以获取不同渠道下活动的效果数据。

旺财的业务服务功能

1. 创建数字化商品

创建数字化商品，也称为新增营销活动，可在 PC 上用浏览器方式在旺财平台操作，也可以用旺财终端进行操作。一般小单体店以旺财终端进行营销活动创建。

登录旺财，终端首页面点击“新增活动”按钮，选择活动类型，输入活动信息，确认新增后活动发布完成（见图 9-16）。

图 9-16 定义数字化商品流程

比如，定义一张代金券，填写活动名称，选择开始日期和结束日期，定义代金券面值、该代金券在手机通道（彩信、微信、微博私信、App）下发的标题和内容、获得该代金券的参与规则，以及使用该代金券的规则。

定义好该代金券后，可以选择作为奖品券发布到开展“玩游戏赢大奖”活动的业务。

2. 将营销活动绑定到不同的业务场景

最简单的业务场景是在商户门店现场，比如个人用户消费 100 元送 10 元代金券，让他下次可以来使用，门店的营业员小妹就可以拿着旺财终端直接将二维码代金券通过彩短信、微信和微博私信发到用户手机上去。

这是现场的业务场景，还有一些非现场的业务场景，利用二维码引流到这些非现场的业务场景，让个人用户在了解这些业务场景中获得这些营销活动的内容（代金券、实物券、会员卡、优惠券等），这些二维码业务场景就是拍码阅读、拍码调研等业务类型，把营销活动用抽奖方式嵌在其中。

非现场业务场景需要商户通过 PC 在旺财后台进行定义，通过将营销活动和业务场景绑定。

比如做一个满意度调查，用户在手机上完成调查内容后，给他抽奖机会，并将定义的代金券通过抽奖送到个人用户手机上（见图 9-17）。

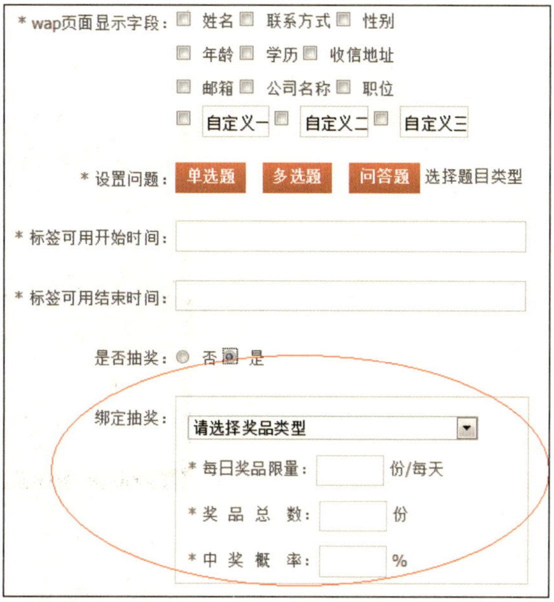

图 9-17　营销活动绑定创建的数字化商品

3. 将业务场景发布到不同碎片化渠道

将新业务场景的 URL 网址绑定到已有碎片化渠道（比如线下的二维码渠道或微博渠道）上，或者新增渠道上，使消费者在已有的渠道上了解新的业务场景。

比如在宣传单、名片、餐桌、海报、商品包装、信封、请帖、明信片、产品说明书、门店位置的那个二维码渠道和新业务场景的 URL 网站绑定后，这些渠道背后的内容发生了变化，如果消费者再关注此渠道就得到不同业务场景。

碎片化渠道类型（见图 9-18）包括：

- 线下门店：商户自己的线下门店；
- 互联网渠道：新浪微博、腾讯微博、微信公众账号等；
- 平面媒体：报纸、杂志、DM 单等；
- 电视媒体；
- 其他。

图 9-18　将业务场景发布到不同碎片化渠道

4. 核销来自碎片化渠道营销活动的二维码电子券

当消费者收到来自碎片化渠道营销活动的二维码电子券到商家处使用，商家通过旺财终端进行核销（见图 9-19）后，就可以对数据进行管理，商户可分营销活动、分不同渠道查看营销效果：渠道访问量、营销活动发码量、营销活动核销量等。

图 9-19　核销

餐饮行业商户微信渠道自营销实例

旺财还推出了面向餐饮行业的垂直版本，该版本更有针对性地为餐饮商户提供营销活动。商户推出自己的微信公众账号，消费者关注之后就可以与商户进行营销活动。以下为微信渠道的营销活动模块。

0. 显示主菜单

商户在旺财 PC 版进行微信交互动作的定义，定义好交互行为之后就可以与粉丝进行互动，用户在公众账号内输入“0”即可进入该公众账号的主操作菜单（见图 9-20）。

1. 外卖预订

商户可以在微信公众账号内使用外卖预订的功能。商户在旺财 PC 版“外卖预订”模块定义好外卖商品后，用户即可通过微信公众账号选购外卖。

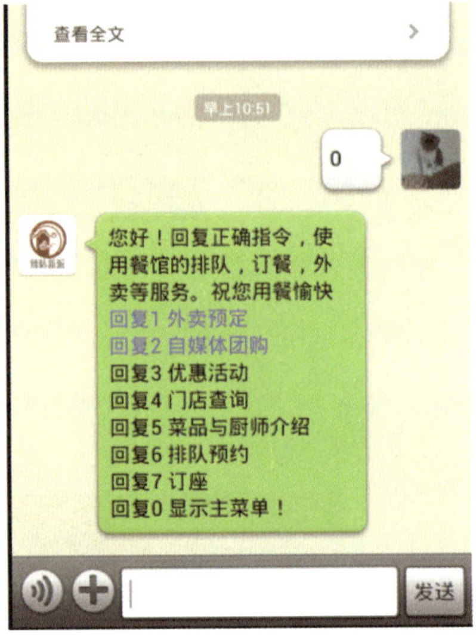

图 9-20 主操作菜单

用户在商户的微信公众账号内输入交互命令“1”，该账号将推送给用户定义好的外卖内容，用户单击该链接之后就可以选购商品（见图 9-21)。

图 9-21 外卖预订

2. 自媒体团购

商户可以在微信公众账号内使用自媒体团购的功能。

商户在旺财 PC 版“自媒体团购”模块定义好团购商品后，用户即可通过微信公众账号团购。

用户在商户的微信公众账号内输入交互命令“2”，该账号将推送给用户定义好的团购商品，用户单击该链接之后就可以选购商品（见图 9-22）。

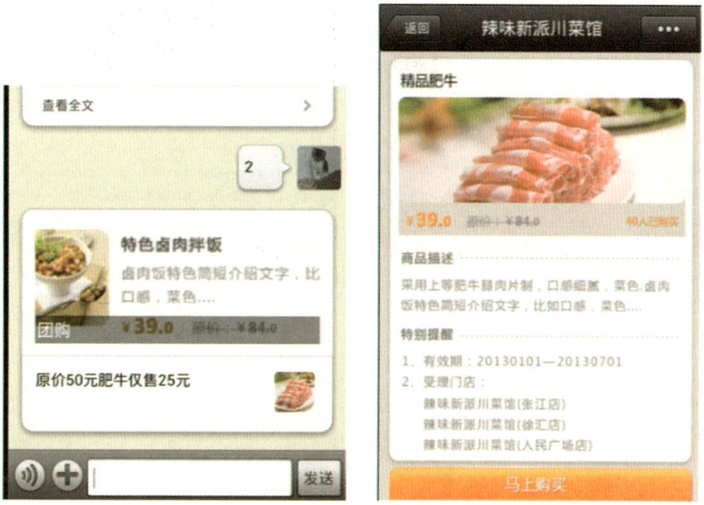

图 9-22　自媒体团购

3. 优惠活动

商户可以在微信公众账号内使用优惠券领取功能。商户在旺财 PC 版“优惠活动”模块定义优惠券内容后，用户即可通过微信公众号获取优惠券。

用户在商户的微信公众账号内输入交互命令“3”，该账号将推送给用户定义好的优惠券，用户输入优惠券相对应的标号之后即可以获取优惠券（见图 9-23）。

图 9-23 优惠活动

4. 门店查询

商户可以在微信公众账号内使用门店查询功能。

商户在旺财 PC 版“门店查询”模块定义门店地址后，用户即可通过微信公众号获取门店地址。

用户在商户的微信公众账号内输入交互命令“4”，该账号将推送给用户定义好的门店地址，用户单击链接之后就可以查看到门店信息（见图 9-24）。

5. 菜品与厨师介绍

商户可以在微信公众账号内使用菜品 & 厨师介绍功能。

商户在旺财 PC 版“菜品 & 厨师介绍”模块定义菜品与厨师内容后，用户即可通过微信公众账号获取菜品与厨师内容。

用户在商户的微信公众账号内输入交互命令“5”，该账号将推送给用户定义好的菜品 & 厨师内容，用户单击链接之后就可以查详细信息（见图 9-25）。

图 9-24　门店查询

图 9-25　菜谱厨师介绍

6. 排队预约

商户可以在微信公众账号内使用排队预约功能。

商户在旺财 PC 版“排队预约”模块定义排队预约内容与规则后，用户即可通过微信公众账号进行排队预约。

用户在商户的微信公众账号内输入交互命令“6”，该账号将推送给用户定义好的内容链接，用户单击链接之后就可以进行排队预订（见图 9-26）。

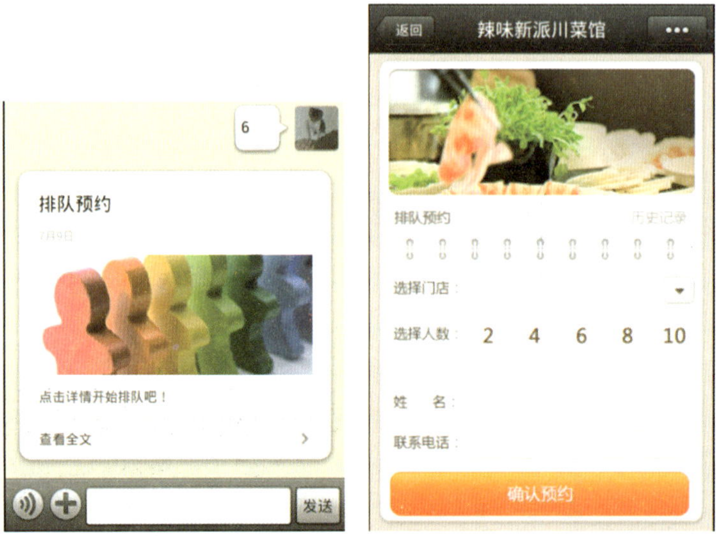

图 9-26 排队预订

7. 订座

商户可以在微信公众账号内使用订座功能。商户在旺财 PC 版“订座”模块定义订座内容与规则后，用户即可通过微信公众账号订座。

用户在商户的微信公众账号内输入交互命令“7”，该账号将推送给用户定义好的订座链接，用户单击链接之后就可以进行订座。

移动互联网大潮已不可逆转，在这股潮流中，很多大公司都很迷茫，而小公司获得了很大的机会。这个机会不是天猫，不是淘宝，也不是京东或者其他的什么流行平台，这个机会是社会化营销，这个社会化营销，既是线下企业和内容商的自媒体营销，也是那些微博、微信自媒体的意见领袖（又被称为“大号”）营销，从某种意义上是小品牌的胜利，也是个人品牌的胜利。

二维码互动营销，基于二维码营销云平台或入口导入群，也就是说，渠道的二维码不变，但可以在后台更改 URL 链接。换句话说，假如你把这个二维码做到杯子上，然后用户每天扫，都可以看到你不同的产品促销。印在钥匙链，或者别的什么上也都可以。而扫码本身就已经可以做到按营销效果付款，如果再加上二维码凭证核销机制，那么完全可以做到按交易和体验付费了，这就是商家营销、交易和体验真正意义上的闭环。

第四部分

二维码营销案例

第 10 章　用二维码做营销引流

案例 1：利用二维码明信片表达海南地税精神

2013 年海南省地税局将“法治、服务、实干、创新、清廉”概括为新时期的海南地税精神。因为二维码是一种非常新颖的介质，可以很好地符合“创新”的主题，所以海口市地方税务局就利用明信片以二维码方式表达海南地税精神（见图 10-1）。

地税的企业客户通过扫一扫明信片二维码标签，便可详阅海南地税精神的内容，如纳税人权利和义务、税收宣传标语口号以及发票真伪查询办法等，这样可以让客户更加详细地了解到地税精神。海口市地方税务局对该版明信片上面的二维码应用非常满意。

图 10-1　二维码明信片

案例 2：拍二维码订阅杂志打五折

支付宝与时尚杂志集团合作，用户只要打开支付宝手机客户端“悦享拍”扫描杂志对应的二维码，就可以五折价格订购 2013 年时尚集团旗下杂志（见图 10-2）。

图 10-2　拍二维码订阅杂志

案例 3:《钱江晚报》二维码春日寻宝

比起电视，报纸方便携带、易于保存，但生动程度和现场感不如电视。二维码的再现，使报纸变成了一张张“移动电视”，无论读者将它拿到街头、餐馆、公汽，手机一扫，便从平面内容变成立体内容了。

二维码只是一个网址链接，所以理论上说，读者用它上网观看视频的时间可以无限长，不必担心视频容量限制。

《钱江晚报》的二维码应用是全国报业中领先的，其“二维码春日寻宝”活动就非常有意思。

活动内容是拍一拍这个奇妙的“春”（见图 10-3），里面有精美相册、劲爆视频、动听音乐、互动广告……更特别的是，有一个“神秘码”藏身其中，等你来寻宝。拍到这个码，按照提示输入你的手机号码，就有机会参与抽奖，奖品为价值 800 元的食品料理机、价值 198 元的 360 电脑服务金卡，以及价值 100 元的美食优惠券。

图 10-3　二维码春日寻宝

案例 4：拍二维码抽奖

三邦文化传媒是海南三亚当地的一家小传播公司，2013 年 6 月，他们为起亚、国际名苑、车来车往、星光奥斯卡 KTV、东方海景大酒店、亚龙湾农家乐美食广场、亚龙湾森林公园（见图 10-4）、三亚宝乐迪量贩式 KTV、东风风神等知名客户，在海南当地实施了拍二维码抽奖的应用。1 个月内，拍码量达到 1 万多次，效果非常不错。

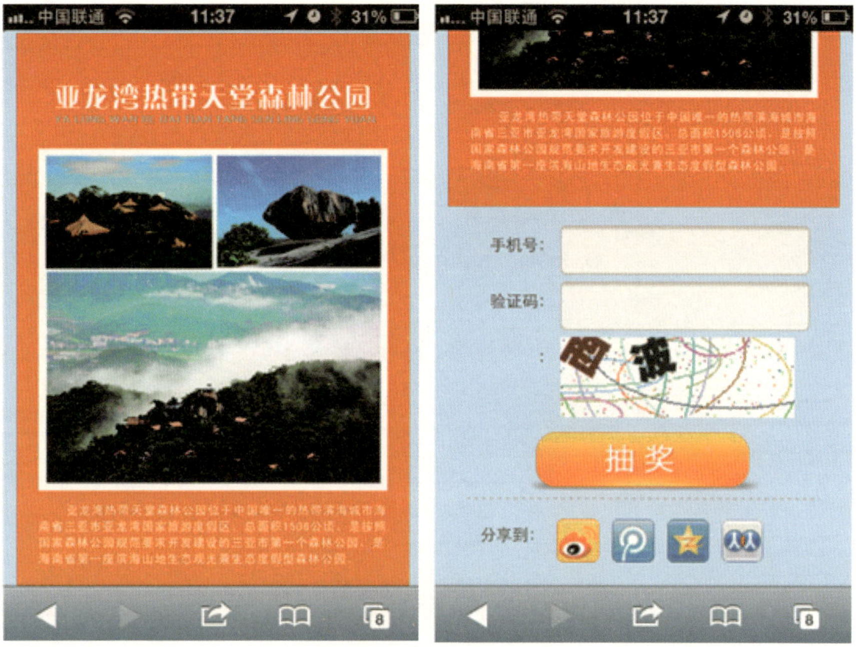

图 10-4　拍二维码抽奖

案例 5：翼码的二维码满意度调查问卷

翼码是国内最大的二维码电子凭证服务商，在全国布设了近 4 万个二维码电子凭证验证设备，对于这些设备，以前都是通过大量的电话问卷调查获取商家对设备使用习惯或使用反馈的数据，但传统的电话问卷调查往往消耗大量人力与物力，用户体验也较差。二维码问卷则将复杂的调研过程简单化了。

翼码首先将调研问卷设计为一个 WAP 页面，然后再把 WAP 页面的地址生成一个二维码标签。商户通过手机扫码，登录问卷的 WAP 页面，参与问卷调研（见图 10-5），完成问卷后还可以参加抽奖得到二维码电子凭证。

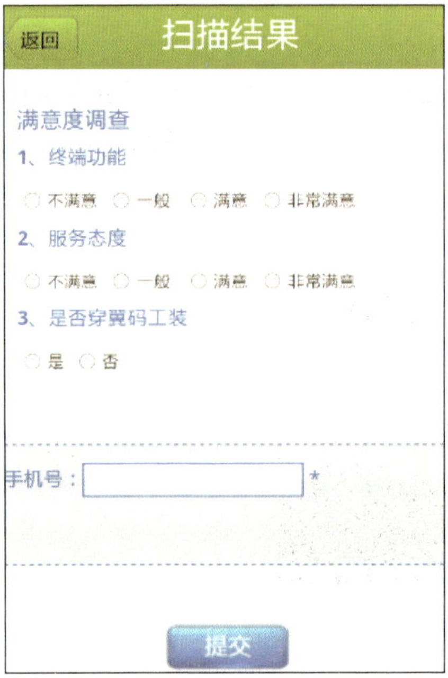

图 10-5 二维码满意度调查问卷

案例 6：二维码西瓜防伪溯源

2013 年 5 月，上海南汇 30 万只 8424 西瓜贴着“二维码”陆续上市，消费者用手机扫一下二维码或是上网查询，不仅可了解到每一只西瓜的品牌、产地、种子、施肥、管理、农残检测等生产全过程信息，还可以获悉运输公司、车牌号码、运输温度等运输消息，方便追溯，也能放心吃瓜。

为了保证南汇 8424 二维码一次性使用，在纸张设计上特意做成了易碎型的。用手机扫描西瓜上的二维码（见图 10-6），随后链接到“农产品质量安全溯源平台”页面，接着只要单击相关窗口，就能查到企业与产品介绍（如种植西瓜的合作社、企业的联系电话和地址、种植地块的面积、农户等信息）、溯源总览（如种植基地、销售终端等；种植信息如播种日期、施肥用药记录、采摘记录等）、质量信息（如质量检验机构、检验方法、检验报告等）、加工包装信息（如包装车间、使用设备、负责人等），以及运输销售信息。

图 10-6　二维码西瓜防伪溯源

案例 7：互动二维码电视广告

2012 年 3 月，国内首个可互动的二维码电视广告在中央电视台上映，观众可以使用手机扫描广告片中的二维码（见图 10-7），参与网络活动。该广告片制作方支付宝表示，在广告片中置入二维码是希望带给观众新的体验。业内人士指出此举将推动移动互联网与相关产业的发展。

据悉，2012 年 3 月，在中央电视台天气预报期间，全国的电视观众可以看到该广告片，除了展示支付宝在航空旅游、网购消费、生活缴费等无处不在的信任与支付之外，该片最大的亮点在于右下角始终有一块二维码图形。

图 10-7　互动二维码电视广告

观众使用支付宝客户端中的悦享拍，扫描这条二维码图形，就可以进入到一个在线活动。

3 月 19 日之后，每天中午 12 点到下午 1 点，以及晚上 7 点半到 8 点半，观众都有机会以 0.1 元获得澳洲布里斯班黄金海岸往返机票、iPad、摩托罗拉手机、HTC 手机、索尼数码相机、优质电商优惠券等奖品。

案例 8：北京园博会二维码导航

2013 年 5 月 17 日，第九届北京园博会组委会宣布与腾讯公司达成战略合作，腾讯公司旗下 SOSO 街景地图将为园博会提供街景地图与街景导航服务。

SOSO 街景地图已对园博会周边的道路、停车场等公众场所和区域进行了详细的数据采集和街景制作，并将园博会 6 个入口和周边道路信息形成二维码（见图 10-8 和图 10-9）。

图 10-8　园博会各主要入口街景地图被制作成二维码

图 10-9　园博会主会场入口 (3 号门）街景地图

用户通过电脑和手机即可进行访问，无须为陌生的周边环境、复杂的各式道路而苦恼（图 10-10）。

图 10-10　园博会周边道路实时路况信息

手机用户在扫描园博会街景地图二维码后，即可通过手机查看园博会街景地图并导航前往，同时还可以通过手机将街景地图和导航信息通过微信、微博与短信分享给好友，实现数字化、智慧化、分享化出行（图 10-11）。

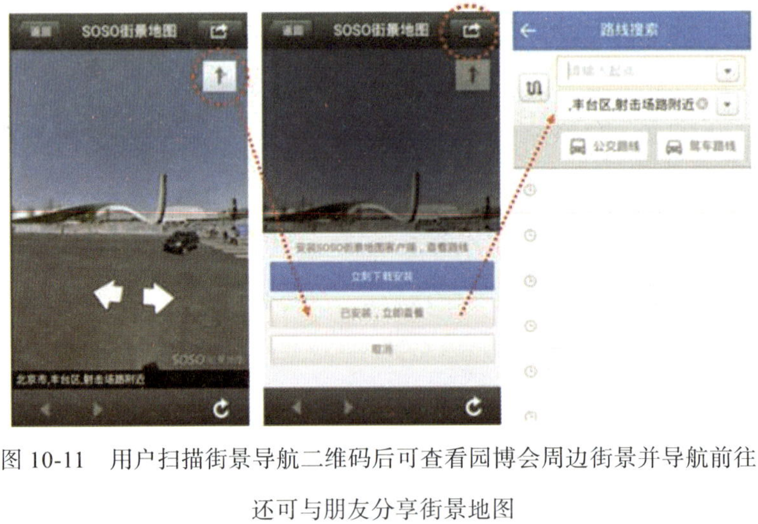

图 10-11　用户扫描街景导航二维码后可查看园博会周边街景并导航前往，还可与朋友分享街景地图

园博会与 SOSO 街景地图联手建立的“街景地图查询平台”，为公众提供了更加良好的公众体验和地图展示，是对移动互联网位置服务的一次全新探索，也是政府部门建设公众在线地图服务的一次成功尝试。

案例 9：新人的二维码请柬

“连请柬上都用上二维码，这也太先进了吧？”小张曾收到过一张请柬，不仔细看和平常请柬没有什么区别，但只要刷一下就能看到其中的奥秘。“我一开始也不知道怎么用，后来给手机装了个软件一刷，顿时被吸引住了。”小张表示，刷了请柬上的二维码之后，手机自动跳入新郎和新娘的空间，不仅看到婚礼的各项信息，而且能看到新郎和新娘的结婚照。

“这还不算什么，更厉害的，直接将婚礼请柬用二维码发给我。”柏先生有一个南京的朋友结婚时就给他发了一个二维码（见图 10-12）。“我当时愣了半天，后来才知道要刷一下。”柏先生表示，只有刷了之后才能看到具体的婚礼地点和时间。太憋屈了，不会用“二维码”还参加不了这婚礼？

图 10-12　二维码请柬

第 11 章　用二维码做营销凭证

案例 1：中信银行推出“异度支付”

越来越多的银行大举进军移动支付领域。2013 年 6 月 27 日，中信银行宣布推出“异度支付”系列产品，其中，二维码支付成为“异度支付”的重点产品（见图 11-1）。

图 11-1　中信银行宣布推出“异度支付”系列产品

此次推出“异度支付”，中信银行试图以二维码支付作为一个重要的突破口来打造移动支付平台。中信银行和苏宁等电商，以及一些电影院、咖啡店等商户建立了合作关系，实现数据共享，客户可以通过二维码支付，随时随地购买这些商户的商品和服务，而不必到购物现场排队结账，实现支付和购物的分离。

中信的二维码支付不仅仅是支付结算手段，还可以提供行业解决方案，针对不同的行业提供不同的实施方案和场景。

案例 2：海南建行的二维码代金券

2012 年 12 月 1 日至 2013 年 2 月 28 日期间，新客户首次成功办理（卡号 62 开头的）中国建设银行银联信用卡主卡，且于 2013 年 3 月 31 日前（含）刷卡消费单笔满 100 元，即可获赠价值 30 元大润发二维码代金券 1 张，限前 1800 名，先到先得，赠完即止。

海南建行的该活动既刺激潜在客户激活信用卡，鼓励客户刷卡消费；又激发客户业务办理积极性，及时下发二维码代金券凭证，提高用户服务满意度。

案例 3：12580 的二维码生活服务圈

12580 综合信息服务门户是中国移动基于语音、互联网、WAP 网页、短信、彩信、位置服务构建的，是中国移动从“移动通信专家”向“移动信息专家”转型的战略性步骤之一。在全国各地，用户拨打 12580 就可以进行机票酒店等商旅信息的查询和预订，餐饮、娱乐、交通、旅游、便民等信息的查询服务及其他综合服务。

12580 的二维码生活服务圈应用结合点非常多，发展前景巨大：

- 12580 营销推广：通用的一种做法是拨打 12580 几次后送礼品二维码凭证的代金券。
- 12580 优惠券：拨打 12580，获得客户所需的电子优惠券，如深圳的二维码电影票折扣券、福建的各类点播二维码折扣券等。
- 12580 订餐：移动用户直接通过 12580 订餐，并通过移动小额支付完成费用支付。
- 12580 订票：通过 12580 完成电影票、体育票、演出票、博物馆门票等订票工作。

- 12580 积分兑换：12580 作为移动的积分兑换实现方式。
- 12580 电子挂号：在大城市看病难是比较突出的问题，通过 12580 可提前预约挂号。
- 12580 提货单：用户在 12580 订购商品，通过网银等方式完成支付后，12580 将二维码凭证提货单发送到用户手机上，用户可到对应的门店获取商品或服务。

案例 4：二维码兑换电影票

该项目为成都万达影院、成都全搜索（成都新闻门户网站）、成都邮政局函件公司三家公司一起合作的项目。成都全搜索负责万达的电影票销售，成都邮政将全搜索的成都万达二维码电影票印刷成明信片，第一个月成都邮政就销售了万达二维码电影票明信片 5 万张（见图 11-2）。

图 11-2 明信片电影票

案例 5：信用卡营销送中石化二维码加油卡

中国工商银行北京分行的实物营销，不是中石化自己的实物营销，但在实物营销中使用了中石化的加油卡商品。

使用二维码加油卡的服务价值如表 11-1 所示。

表 11-1　使用二维码加油卡的服务价值

	实体加油卡	二维码加油卡
工行	• 营业厅业务压力大，影响工作效率 • 物流配送不到位，影响兑换 • 预购实体卡，每个营业厅调配数量不好控制，容易引起客户投诉 • 预购卡如果买多了，在有效期内无法使用完，还需要找中石化做延期等动作，不利于规范管理，增加风险 • 耗费大量人工管理成本 • 石化充值卡金额相对固定，银行很难定制加油卡 • 充值卡上面印刷的图案以及字样均为中石化，无法体现工行的 logo，无法体现企业形象	• 营业厅无该活动的压力。只需要做好活动宣传 • 无需物流，最大程度上节省物流成本 • 可以实时办理业务，如果做了系统介入，则收到条码也会实时，用户满意度高 • 二维码加油卡额度可以灵活定制，有效期也可以定制，最大程度降低风险，避免死券 • 工行关怀语以及工行 logo 都可以出现在彩信中，得以宣传自我品牌
中石化	面对银行销售实体卡，中石化按照委托金额收费。并且中石化一般建议银行采购充值卡而不是 IC 卡，因为充值卡制卡成本低	中石化不用销售 IC 卡或者充值卡，减轻了中石化的工作负担，并且不必总为银行需要延长实体卡使用有效期的问题烦恼
个人用户	办理业务无需前往营业厅，但是领取奖品需要前往营业厅，比较麻烦 到了营业厅还需要排队，客户满意度不好	得到电子加油卡直接前往中石化加油站使用，方便快捷。客户满意度高

案例 6：味多美的二维码月饼券

味多美公司创立于 1993 年，是国内著名烘焙连锁食品企业，主要经营产品包括蛋糕、面包、咖啡、中西式点心、月饼、粽子等。成立至今，在中国已创办了 260 余家直营连锁店，2010—2011 年相继落户天津、上海、河北、包头等地。味多美在北京、上海、包头同时拥有现代化的中央工厂，集生产、配送、销售为一体，以专业的品质管理制度保证食品安全。

2010 年 8 月，味多美开始在官网上开展免费试吃法式月饼活动，具体内容是：用户在官网上输入手机号，申请免费月饼，前 400 名得到代表一个法式月饼的二维码后，到味多美任意门店进行兑换领取。活动进行 25 天，共送出 10 000 块法式月饼（见图 11-3 和图 11-4）。

图 11-3　味多美免费试吃法式月饼活动主页

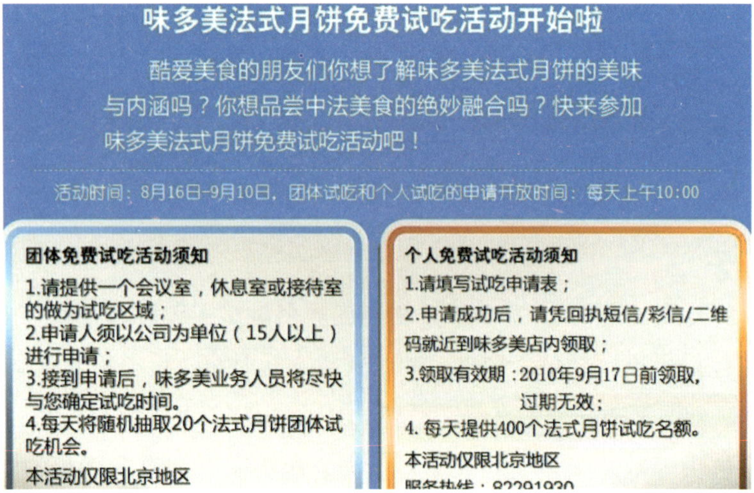

图 11-4　味多美免费试吃法式月饼活动详情页

同时，味多美在 55bbs 上进行味多美“发现有礼”抽奖活动，具体内容是：

味多美在北京市地铁、公交车、电梯轿厢等多处投放广告，用户在 55bbs 上上传拍到的味多美广告照片，并告知拍照地点。前 50 名上传者将获得代表一个法式月饼的二维码后，到味多美任意门店进行兑换领取。另有 3 盒月饼礼盒将送给抽奖产生的照片上传者。

案例 7：麦当劳麦乐酷二维码新品试吃

2009 年 8 月 26 日起，中国移动用户发短信免费获取麦当劳雪碧麦乐酷 1 杯。中国移动用户发送 L 到 106580058800 申请，即可获得雪碧麦乐酷电子兑换单短信（二维码或数字密码）凭兑换单来麦当劳餐厅验证后，免费换取雪碧麦乐酷 1 杯！免费赠送 200 万杯，先到先得，送完即止。提示：申请短信仅需支付正常通信费，本次活动每个手机号码仅限申请一次。麦乐酷免费送结束后的一周内，为上行短信的用户赠送 1 小杯可乐（见图 11-5）。

图 11-5　麦当劳麦乐酷二维码新品试吃

从 8 月 26 日活动开始到 9 月 13 日活动接近尾声，共计 333 万人次通过上行短信方式申请到二维码麦乐酷新品。8 月 26 日至 29 日，麦当劳麦乐酷日申请量超过 60 万人次，最高峰值突破 100 万大关。仅 3 天的时间，就达到了 200 万的活动限量（见图 11-6）。

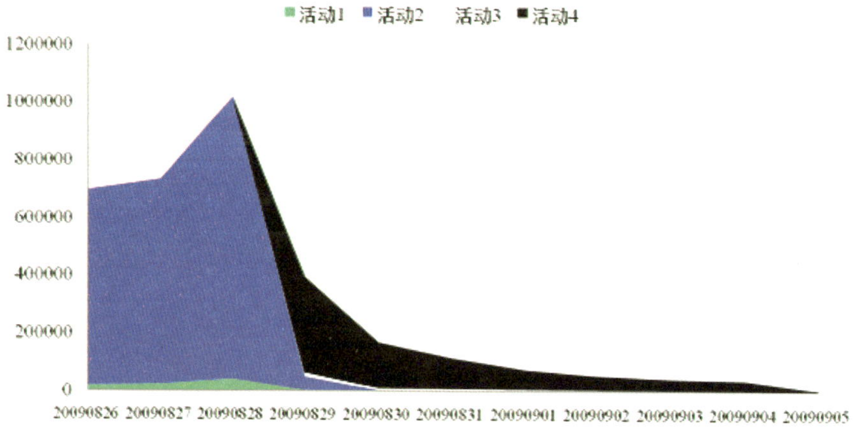

图 11-6　麦乐酷活动验证情况

案例 8：北京园博会二维码门票

2013 年 5 月 18 日，第九届中国（北京）国际园林博览会在永定河西岸隆重开幕。今年的园博会相比往届规模更大，预计观展人次更多。本届园博会从 4 月开放售票，除了往年的线下售票网点外，还在北京市旅游委官网及淘宝旗舰店新增了二维码电子票发售渠道。园博会现场共安装了 80 台二维码电子票验码设备，仅 5 月 18 日开园当天，上午 11 点到下午 1 点两个小时，电子票验证量已达 9450 张次。

本届北京园博会将持续至 11 月 18 日。在这 185 天展期中，园博园将为世人呈现一道绿色盛宴。计划前往观展的游客朋友，可以登录北京市旅游委员会官方网以及淘宝旗舰店购买体验二维码电子票（见图 11-7）。

案例 9：明辉眼镜二维码销售激励

有些商品销售往往是由经销商来完成的，而经销商可能不止销售一个品牌的商品，这个时候，如果销售人员主动推荐某一品牌，那么该品牌的销售量就会明显优于其他未推荐的品牌。如何有效地激励经销商提升销售业绩一直是生产厂商绞尽脑汁想要解决的问题，但始终没有一种有效的监督与奖励办法。

图 11-7　北京园博会电子门票

厦门的明辉光学眼镜也遇到了同样的问题，经销商的店铺中摆放了许多品牌的同类产品，而导购员的引导对商品销量起着很大的作用。明辉眼镜利用二维码为导购员做销售激励。

明辉眼镜在生产眼镜的时候，为每个眼镜都配上一个二维码标签，每副眼镜的二维码都是唯一的。然后，再为经销商的销售人员手机上安装专门二维码激励软件 App。销售人员每销售一副明辉眼镜，即可用安装在自己手机上二维码激励软件 App 扫描一下眼镜上的二维码标签（见图 11-8）。扫描时，通过后台的数据管理，明辉眼镜厂商即可实时了解产品的销售情况，而且可以记录每一位销售员的销售业绩。

对销售业绩好的销售人员，明辉眼镜厂商将直接给予奖励。这种做法极大地刺激了销售人员的积极性，而对于明辉眼镜来讲，这种方法不仅解决了激励销售人员的难题，也有效地解决了销售管理、数量统计追踪等问题。

图 11-8 明辉眼镜利用二维码销售激励

案例 10：麦当劳微信支付茶点卡

2013 年 6 月，麦当劳在微信上实现支付与二维码凭证购买茶点卡，成为首个开通微信支付功能的公众账号。

微信用户只要关注麦当劳官方账号，即可进入一个促销链接，内容是介绍麦当劳全新推出的微信专享茶点卡，仅售 3 元，用户在微信公众账号内即可进行购买并完成支付环节。在 6 月 8 日—9 月 30 日期间，凭该卡购买麦当劳饮料，可享获赠一款小吃的优惠。此外，凭该卡还可以购买多款麦当劳优惠套餐。购买成功后，用户会收到由平台发出的二维码彩短信凭证，到店扫码即可兑换美食（见图 11-9）。

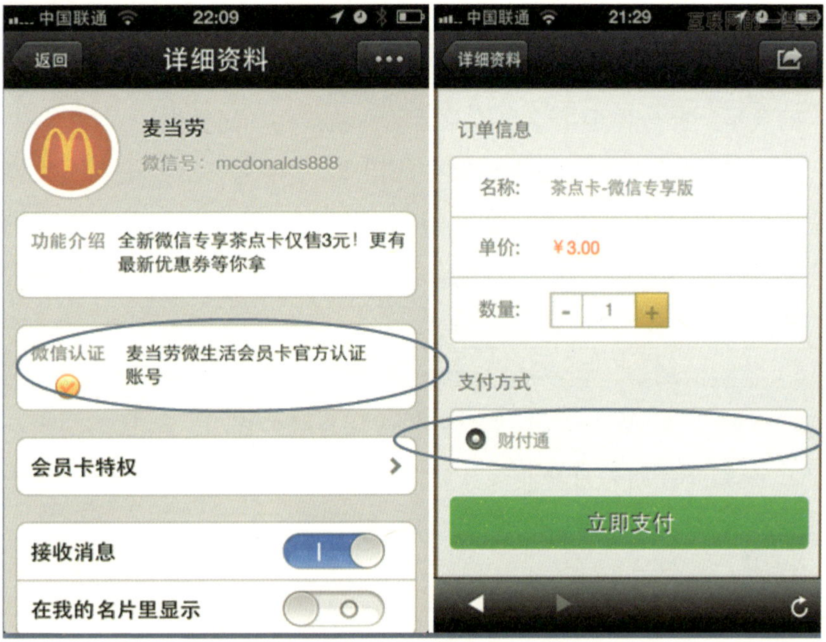

图 11-9　麦当劳微信支付茶点卡

案例 11：中国移动联手麦当劳玩“秒杀”

2010 年 9 月 8 日开始，中国移动积分商城联合麦当劳，共同推出“限时抢兑之美味超享”秒杀活动。期间，手机客户只要成功抢兑，即可用 5 个积分换取可口可乐（小杯）一杯，或以 9 个积分换取麦旋风（奥利奥口味）一杯。同款礼品每位客户限兑一杯，先兑先得，兑完即止。

该活动每周一、三、五的上午 10:30 开抢，每期投放 3000 杯麦旋风（奥利奥口味）和 3000 杯可口可乐（小杯），持续 4 周共 10 期，每期抢完即止；而活动双方在福建厦门地区的共同客户更有新品“1 积分秒杀”的超值优惠活动。

对于本次活动，有业内人士表示充分认可：

1）两大国际级品牌的联合，本身就体现了中国移动的全球眼光与麦当劳的本土服务政策，可谓相得益彰。

2）在服务取胜的今天，服务资源的共享、品牌联合活动，已深深写入这些创新型领先企业的理念中；以中国移动的用户量和麦当劳的服务门店的数量，充分保证了本次抢兑活动的便捷性和高效性。

3）大品牌的合作往往比想象中的艰难，“秒杀”本身是一个很潮的网络概念，两大品牌能够在如此短的时间内有所反应，紧跟市场的热点进行运作，更体现出了市场竞争的“激烈与压力”带给这些公司“高效率”。

4）本次活动中，客户通过网络、短信成功抢兑后，全国的麦当劳店面都以“刷手机”的形式来进行服务认证与服务提供，科技感与生活感十足；而积分计划与自身业务体验的融合，则体现了中国移动抓住市场热点的能力，以及对旗下业务、服务的强大整合能力。

后记　O2O：必须渡过的卢比孔河

中国互联网经历十多年的发展，今天，移动互联网来了，而通过移动互联网技术，互联网冲击了一切传统行业，无论是我们一直习惯的稳如磐石的传统大组织，还是我们习以为常的那些街边小店，乃至我们每个个体。

互联网先为每个个体创立一个庞大的数字世界，而移动互联网让个体回归文化，适应小圈子的发展趋势，从而真正的个体独特性出现了。就像汉字中的那个“太”字，其大无外，其小无内，至大就是至小，在“至大”的无远弗届数字世界里，塑造出“至小”的文化适应和心灵归宿。

这种形成于互联网数字世界的个体独特性，使每个人的消费行为发生巨大变化，通过在线上的互联网数字世界和线下的现实物理世界那种无边界互动的新商业模式，造就了每个人“为生活而消费”的时代到来，人的自由越来越明显，人的“独特性”越来越彰显。

互联网对传统行业的冲击，其实就是数字世界对物理世界的扩张，也是数字世界的个体独特性对物理世界的个体从众性的宣战。

互联网发展到今天，就像两千年前的罗马，当时罗马已经控制了意大利之外的广大地区，变地中海为内湖的前景已日渐清晰。而移动互联网的到来，就像恺撒到了卢比孔河的河畔。

卢比孔河是罗马共和国时代山南高卢与意大利的界河。公元前49年，恺撒冲破不得越出所驻行省的法律，渡河宣告与罗马执政庞培决战。

这是恺撒的世纪，这个征服欲强烈的赌徒渡过了卢比孔河，成就了伟业；这是西塞罗的世纪，他对自由的雄辩让他成为演说家的化身；这是斯巴达克斯的世纪，他敢于对抗强权；当然，这也是绝代佳人克里奥佩特拉的世纪。这是一个充满戏剧性的世纪，罗马从一个地区发展为超级大国，曾经为自己叛逆传统而自豪的罗马精英们，甘愿放弃过去的责任和个人自由，向皇帝俯首称臣。政治阴谋、张扬个性、戏剧性突变，全都汇聚在这一个世纪的血河中。

两千多年前，当恺撒渡过卢比孔河时，一个时代结束了。曾经，地中海地区散落着许多自由城市。在希腊和意大利，城市中的人们自称为公民，而不是法老或皇帝的臣民。在恺撒渡过卢比孔河后，共和国完了，再没有自由城市了，保持有一千年的公民自治传统结束了，个体自由和独特性结束了，个体权威和从众性开始了。

当互联网从一个单独行业发展到覆盖整个社会的产业时候，每个人的时间被互联网数字世界占据，而他的空间还停留在物理世界时；每个人的思想和文化适应都被互联网数字世界所影响，而他的行为和习惯还处于物理世界中。所以，我们每个传统行业都到了新的卢比孔河河畔，只是与两千多年前不同的是，这次是一次反向的渡河，不是物理世界中个体权威对个体自由的宣战，而是互联网数字世界代表的个体自由对传统物理世界代表的个体权威的宣战。

目前，中国互联网数字世界的“媒体王国”出现在微博，“熟人关系王国”出现在微信，“信息王国”出现在百度或360平台，“交易王国”出现在天猫或京东，当这些王国成为中国互联网数字世界的基础设施时，中国传统物理世界的巨头们必须渡过卢比孔河，去成为这个数字世界的基础设施，不然必定将被淘汰。

而本书中的那些店长们，也需要渡过卢比孔河，利用线上线下互动的技术手段（地图GPS、二维码），利用互联网数字世界的那些基础设施（如腾讯、百度、淘宝、360等），利用移动互联网手段（如智能手机、Wi-Fi、微信、微博等），让传统的单向营销模式向精准互动的营销模式转变。

本书讲的二维码全渠道营销，其实就是我们这些店长渡河的工具，无须太多关注二维码技术本身，只需知道，我们的小店到了该渡过卢比孔河的时候。

最后，让我以恺撒在卢比孔河渡河前那句名言来作为本书的结尾：渡河之后，将是人世间的悲剧；不渡河，则是自身的毁灭。

张波

于意大利

推荐阅读

“O2O&电商”系列图书：移动互联网时代的企业电商之道